FRANCESCO FRIGIERI

ARCHITETTURE PATRIMONIALI

Come Autotutelare Il Tuo Patrimonio Nel Tempo In Maniera Efficace Attraverso Le Giuste Azioni e Cognizioni Tecniche

Titolo

"ARCHITETTURE PATRIMONIALI"

Autore

Francesco Frigieri

Editore

Bruno Editore

Sito internet

http://www.brunoeditore.it

Sommario

Introduzione

Mi chiamo Francesco Frigieri, sono nato in una nota località turistica di mare e da ormai un decennio vivo sul lago più grande d'Italia, anche perché, per una serie di coincidenze, anche temporali, ho voluto aprire una sede secondaria del mio Studio legale a Milano. Sono sempre stato appassionato di architettura, abbonato, fin dalla frequentazione della scuola superiore, ad alcune riviste sul tema; mi è sempre piaciuta l'organizzazione e l'ottimizzazione degli spazi ed è per questo che continuo a seguire anche le tecnologie delle costruzioni.

Per tante ragioni ho però studiato per diventare avvocato e lo sono, nella pratica, da venticinque anni. Ironia della sorte, in questo breve ebook dal titolo *Architetture patrimoniali*, vorrei spiegarti il perché dell'intreccio di questi termini, l'intreccio fra passione per l'organizzazione e l'ottimizzazione delle risorse e lavoro, quest'ultimo divenuto per me molto affascinante per le ragioni che ti vorrei spiegare in questa trattazione.

Sono approdato quindi a questa guida con la quale vorrei condividere con te degli spunti, prima di metodo e poi di merito, su come poter sviluppare un'efficace autotutela patrimoniale, attraverso la concretizzazione di un progetto metaforicamente raffigurabile come la costruzione di una solida arca, parafrasando una celebre frase del noto imprenditore, ed economista, Warren Buffett.

L'ultimo "cigno nero" (il Coronavirus) e un caso che ho seguito in detto periodo mi hanno dato l'occasione di definire un possibile schema di consulenza patrimoniale che potesse capitalizzare tutti gli insegnamenti tratti dall'esperienza, specie quelli derivati dai vari contenziosi da me seguiti, in ambito successorio, ma anche estratti dalla mia formazione in materia di coaching e problem solving.

Come è noto, le cause di matrice patrimoniale che conseguono a una successione sono, generalmente, le più furenti e cruente, sia perché colpiscono persone per lo più legate da un rapporto di parentela, sia perché coinvolgono, non solo tutto il patrimonio lasciato dal *de cuius*, ma anche altri cespiti, molto spesso non di immediato accertamento perché nascosti da donazioni, specie indirette, fatte in vita da colui che è improvvisamente uscito di scena.

Senza considerare poi che, nel corso di questi contenziosi, non solo vengono compromessi e pregiudicati definitivamente i rapporti personali fra i vari contendenti, ma vengono inesorabilmente compromessi e pregiudicati anche i valori patrimoniali in campo, specie aziendali, perché lasciati in uno stato di abbandono, o di stand-by, nel limbo delle sorti dell'epilogo del procedimento, particolarmente lungo anche perché di non immediata soluzione.

Ho iniziato la mia attività, come dicevo, venticinque anni fa e ho potuto seguire ed assistere famiglie, o meglio stirpi familiari, apparentemente serene, improntate ai più alti valori morali, alle quali, sempre apparentemente, non mancava nulla, ma che, di fronte all'imprevisto, ovvero dell'improvvisa dipartita di uno dei suoi fondatori, si sono trasformate allegoricamente nel più potente nucleo armato per acredine e livore.

Non escludo che queste famiglie siano la minoranza ma, anche se fosse, il numero è molto importante e ciò è confermato dal carico di cause di questo tipo che si sono alimentate nei vari tribunali. Per questa ragione, ho voluto fermamente frequentare, oltre a master in materia successoria e *trust*, anche e soprattutto corsi di stampo extra-giuridico, per approfondire materie che potessero aiutarmi a capire come entrare nei *desiderata* e nei timori dei clienti, delle controparti, come entrare nelle nuove realtà da tutelare e, da qui, porre le basi per importare ed applicare delle tecniche che potessero sviluppare un piano d'azione efficace nell'ambito della protezione del patrimonio ma, ancor prima, della famiglia e/o dell'azienda.

Di qui sono poi approdato a frequentare un *trainer* di crescita personale, conseguendo la certificazione di "Law Business Coach", con lo scopo di ampliare il percorso da proporre ai clienti che mi chiedevano di trovare delle soluzioni preventive agli avvicendamenti degli assetti proprietari, in modo anche da impedire liti future e cause giudiziarie.

È un tipo di consulenza che mi appassiona perché si sviluppa necessariamente come l'organizzazione e l'ottimizzazione di una costruzione dove da un lato puoi potenzialmente dare molto spazio alla creatività, soprattutto per la definizione degli "spazi" interni, e dall'altro devi considerare, ed adattarti, ai limiti tecnici, giuridici, fiscali e di altra natura che, purtroppo, restringono molto il campo d'azione.

Conscio di ciò, nell'ultimo decennio mi sono dedicato ed appassionato anche alla formazione di altri professionisti, come la categoria dei consulenti finanziari – necessariamente sempre più consulenti patrimoniali – fondando anche un network (che puoi consultare sul web all'indirizzo www.patrimoniatest.it), che riunisce esperti nei campi legale, fiscale e finanziario, attraverso il quale si vogliono tenere monitorate tutte le novità che possono impattare sulla tutela del patrimonio, oltre ad organizzare eventi per il necessario confronto fra appassionati, prima ancora che fra esperti, avviando comunque efficaci sinergie professionali.

Oggi sono giunto a questo primo step, dopo, oltretutto, un breve trascorso da socio e consulente in una Trust Company professionale, società di supporto nella gestione fiduciaria di proprietà e partecipazioni societarie. Pensando di essere arrivato ad una sorta di giro di boa professionale, vorrei condividere con te questa guida, e con essa la visione, da un lato, su come tutelare al meglio il tuo patrimonio, a prescindere dal suo valore intrinseco, e dall'altro, su come prevenire o ridurre il più possibile il rischio di liti, specie quelle giudiziarie, conseguenti alla successione.

Come vedrai, questo ebook avrà come leva un caso realmente accaduto, da me seguito durante il *lockdown*, che fra l'altro può considerarsi il caso classico o più ricorrente, soprattutto nel mondo di oggi, in cui aumentano le coesistenze delle famiglie legittime con quelle di fatto, si allungano i tempi della permanenza dei figli con i genitori, aumentano gli impegni, anche finanziari, e, nel contempo, aumentano le responsabilità, gli adempimenti, gli imprevisti, i vincoli di varia natura, anche fiscale e giuridica.

Il caso che tratterò ha coinvolto un imprenditore come tanti, che chiamerò con un nome di fantasia, Mr. Patrimonio, e farà da filo conduttore in tutta questa guida. Una storia come un'altra, ma emblematica delle varie problematiche che possono interessare i beni, ma soprattutto le persone, con risvolti, in particolare emotivi, che sarebbe meglio affrontare per tempo con un approccio consapevole e tecnicamente corretto.

Il protagonista, già reduce da una lite ereditaria con il fratello, da me seguita vent'anni prima, aveva voluto ed ottenuto con determinazione la proprietà e le redini dell'azienda di famiglia. Era separato dalla moglie e padre di tre figli, di cui l'ultimo avuto durante una relazione con la convivente, la quale, a sua volta, era divorziata con un figlio.

Il 9 marzo 2020, in pieno *lockdown*, mi ha scritto perché era accaduto l'imprevisto: di lì a qualche giorno si sarebbe dovuto ricoverare perché colpito dal Covid-19 e, nelle poche ore prima di entrare in ospedale, cercava di sistemare tutto quello che poteva, ripercorrendo il suo precedente contenzioso, i suoi valori, obiettivi, paure, timori, e chiedendo a me un aiuto tecnico immediato.

La storia di Mr. Patrimonio mi permetterà di evidenziarti tutti gli errori da lui commessi, ma che, in generale, tutti noi commettiamo, dandomi l'occasione anche di ripercorrere i vincoli del nostro Ordinamento a proposito di successione e di donazioni e le conseguenze degli stati di incapacità. Mi permetterà, inoltre, di ripercorrere, come Coach, tecniche di problem solving strategico e di aiutarti quindi a capire quelle architetture patrimoniali preventive che possono fare la differenza nella tutela del patrimonio, ma soprattutto ed ancor prima, nella tutela della famiglia, ancorché allargata/allungata, delle persone che vi ruotano attorno, che siano o no eventualmente coinvolte nell'azienda.

Nel dettaglio, i punti riguarderanno la commistione tra famiglia ed azienda, i vari equilibri, la non definita situazione coniugale, il rapporto con la nuova compagna, il figlio nato molti anni dopo gli altri avuti nel corso del matrimonio e le problematiche imprenditoriali di uno dei figli, in un contesto di generale crisi economica e di fronte all'imprevisto della malattia.

Nel primo capitolo ho voluto definire "la spinta gentile", frase celebre dell'ultimo premio Nobel per l'economia, Richard H. Thaler, come base per affrontare questo progetto e percorso di architetture patrimoniali, facendo leva sulla situazione che stiamo vivendo e sui limiti di tutela/vincoli imposti ai componenti della famiglia ed all'azienda, specie in ottica successoria, che, se non conosciuti, potrebbero dare vita a contenziosi con conseguente pregiudizio per l'intero patrimonio, oltre che per i rapporti personali. Accennerò anche a tecniche di problem solving, tecniche molto efficaci, non solo per la fase esecutiva del progetto, ma anche per quella iniziale, in modo da andare, da subito, a neutralizzare i timori e le paure ed a perseguire le aspettative di tutte le persone convolte nel processo.

Nel secondo capitolo illustrerò il caso di Mr. Patrimonio, la sua storia, gli antefatti, i precedenti, e ciò mi permetterà di sottolineare, più nel dettaglio, l'importanza di "costruire l'arca" – una sorta di struttura, di armatura, di corazza – al cospetto del predire la pioggia o, richiamando come anticipato l'ormai nota frase di un famoso imprenditore ed economista, prediligendo l'agire al cospetto del reagire.

Nel terzo capitolo ti spiegherò le principali falle – ma anche i rimedi – che potrebbero pregiudicare la costruzione di un'"arca" solida.

Parlerò dei pro e dei contro dell'affidarsi alla legge nella successione, del ruolo e delle prerogative degli eredi, dei poteri che si possono liberare attraverso il testamento, del boomerang delle donazioni, sia dirette che indirette, dei problemi di gestione negli stati di incapacità, della filosofia sottesa all'introduzione recente dei DAT (Disposizioni anticipate di trattamento sanitario), o testamento biologico.

Il capitolo si concluderà con l'esame degli aspetti personali che di solito frenano il processo del cambiamento e lo sviluppo di assetti proprietari futuri, molto spesso collegati ad egoismi sterili, a percezioni soggettive di realtà non verificate, al timore di fare torto a qualcuno o di alimentare contrasti, al cadere in false credenze, anche legali.

Nel quarto capitolo affronterò in concreto lo schema dell'approccio, l'importanza dello sviluppo di una squadra preordinata a ricercare quello che si vuole ottenere, la ricerca del come raggiungere la soluzione ottimale di tutela, escludendo, nell'approccio, il perché o le cause del problema, per poi analizzare, sinteticamente e senza carattere di esaustività, alcuni strumenti giuridici da applicare nel campo aziendale e privato, dalle opportunità offerte dal diritto societario, anche per la gestione del patrimonio privato, ai contratti para-successori, come le polizze vita, per la liquidità.

Il capitolo verrà completato dall'analisi delle insidie sottese agli strumenti di protezione previsti dal nostro Ordinamento, principalmente per il patrimonio familiare, anche alla luce delle nuove responsabilità degli amministratori introdotte dal nuovo Codice della Crisi di Impresa.

Seguono le conclusioni, con il riepilogo per sintesi dei contenuti ed una sosta di proposito da non sottovalutare perché preliminare ad ogni *"architettura patrimoniale"*, ancorché solida.

Buona lettura!

Capitolo 1:
Come preparare il progetto: la "spinta gentile"

Nella visione tradizionale della maggior parte dei clienti, l'avvocato è sempre stato deputato a rivendicare o a difendere i diritti nelle aule di tribunale. Oggi, tuttavia, ritengo che risolvere le controversie in sede giudiziaria risulti già di per sé una sorta di sconfitta, un rischio troppo alto, per i tempi e il risultato prevedibile, soprattutto se l'oggetto è l'intero patrimonio di una o più persone/famiglie/aziende. La discussione sulla spartizione di aziende può portare alla chiusura delle stesse, che è già un rischio a causa della crisi, figuriamoci a seguito di una lite su come gestirle.

Non molto diverso può essere il destino di beni, anche se non produttivi, specie immobili, i quali, per tutta la durata della causa, spesso non vengono più manutenuti, conservati, utilizzati ecc. In questo periodo, peraltro, stiamo assistendo a passaggi generazionali imposti dall'attuale fase storica, imposti dalla recessione, imposti dall'evoluzione del costume sociale. Peraltro, il nostro Paese risulta tra più longevi al mondo, secondo solo al Giappone, ed è sempre più importante il numero delle famiglie di fatto, nate prevalentemente sulle rovine delle famiglie legittime fondate sul matrimonio, più che da una scelta autodeterminata dei conviventi stessi.

Anche i figli, oltre a permanere e convivere più a lungo con i genitori, hanno fra loro anagraficamente età molto distanti, il che non agevola quanto spiegherò in questo ebook. Per chi poi è imprenditore e si approssima a questi cambiamenti riuscendo in qualche modo a barcamenarsi in questo trend "evolutivo", esiste l'introduzione del nuovo Codice della Crisi (D.Lgs. 19/2019) che, nel tentativo di ridurre i fallimenti, introduce, tuttavia, un aggravio di responsabilità che potrebbe mettere a rischio il patrimonio personale degli amministratori per la non conservazione dell'integrità del patrimonio sociale, anche nelle Srl, la cui responsabilità nei confronti dei creditori era sempre confinata nei limiti del valore della partecipazione posseduta.

Il passaggio generazionale, il mutamento del costume sociale, l'incertezza economica e l'aumento delle responsabilità rendono ancora più attuale, ed opportuno, il proporre temi come la tutela patrimoniale, il modo di sfruttare degli schemi, delle leve, per attuare una forma di autotutela apprezzabile da tutti, anche dai non imprenditori.

In fondo, chi non ha a cuore ciò che ha faticosamente acquisito? Chi non ha a cuore la propria famiglia e la propria azienda? Chi non vorrebbe avere qualche dritta per salvaguardare il proprio patrimonio o, più in particolare, per cambiare il modo di porsi rispetto ai propri beni, alle persone coinvolte?

Prova ad immaginare come potrebbe essere se tu avessi a disposizione alcune leve tecniche, giuridico-fiscali ma, prima ancora, emotive e comportamentali, tese a far scattare quel *click* nelle decisioni/azioni preposte a salvaguardare i tuoi beni, le tue risorse, in modo da evitare il più possibile i contenziosi, garantendo a te stesso, *in primis*, una maggiore serenità nel futuro.

Un esperto di problem solving, ma anche psicoterapeuta di fama internazionale, il professor Giorgio Nardone, mi ha affascinato quando, in uno dei suoi corsi, ha sostenuto una sorta di mantra: «Ottenere molto, mettendo poco». Ma questo, se da un lato può sembrare una chimera, dall'altro lato spiega come la soluzione di un problema chiarisca meglio il problema stesso suggerendo azioni semplici, da portare avanti senza particolari cognizioni tecniche, le quali serviranno da completamento e da formalizzazione della soluzione pre-vissuta.

A me invece sembra che, soprattutto nella fase inziale di un processo di avvicendamento proprietario, si tenda a spostare troppo l'attenzione sugli aspetti tecnici, formalizzando accordi, laddove possibile, non maturati e tantomeno vissuti, sottovalutando l'ascolto, aspetto fondamentale per scoprire la soluzione, e rimanendo, così, troppo sul problema e sulle relative soluzioni astratte che, per quanto tecnicamente valide, sono inesorabilmente inefficaci.

In altre parole, ripercorrendo il paragone della predisposizione di quelle architetture patrimoniali autotutelanti, si rischia di realizzare un progetto artificiale od empirico fondato esclusivamente sui numeri, sulla portata della struttura, sottovalutando che il costruito dovrà essere abitato e vissuto non solo dal committente, ma anche da tutte le altre persone coinvolte, oltretutto per un tempo difficilmente determinabile.

Ti spiegherò lo scopo di questa opportunità: vorrei darti una "spinta gentile", degli spunti pratici, degli strumenti, delle leve tecniche giuridico-fiscali, ma anche, ed ancor prima, suggerimenti operativi, attraverso l'applicazione pratica di tecniche di problem solving, per farti scoprire come l'identificazione del tuo vissuto, dei tuoi valori, delle tue aspettative, delle tue paure, unitamente agli obiettivi che vuoi ottenere, possono portarti verso quel *click* per prendere certe decisioni relativamente alla tutela del tuo patrimonio.

Vorrei farti riflettere su come la soluzione spiega il problema che risolve, almeno dal mio punto di osservazione, dopo aver seguito contenziosi, soprattutto in materia ereditaria, ed aver importato, applicato e collaudato tecniche di problem solving. Se è vero, come è vero, che noi da difensori di un diritto cerchiamo, in un procedimento, di farlo riconoscere, significa che la stessa soluzione che chiediamo alla giustizia non fa altro che spiegare il problema che vogliamo far superare al nostro assistito.

Nella migliore delle ipotesi, una delle cause tecnicamente più ricorrenti (e non particolarmente difficili da gestire), a seguito di una successione ereditaria regolata dalla legge, è quella per lo scioglimento delle comunioni o delle comproprietà che si vengono a creare fra persone che, molto spesso, non si conoscono o, peggio, che si sono sempre odiate, perché portatrici di interessi diametralmente opposti. La cointestazione incidentale (o non voluta) su più proprietà/cespiti per effetto di una successione non può che portare queste persone a delle liti, se non altro per la difficoltà di trovare l'accordo su come gestire/conservare tali beni.

I beni non sono solo quelli immobili, il denaro, gli investimenti, dal lato attivo, e i debiti, dal lato passivo, ma anche strutture dinamiche come le aziende, le quote in società o le partecipazioni in contesti rivolti a produrre ricchezza, dove è quindi importante far convergere tutte le persone coinvolte sugli obiettivi da raggiungere. Bene, ma allora se siamo consapevoli di questa criticità e finiremo per chiedere al giudice di sciogliere queste comproprietà, perché non evitarle, magari con appositi strumenti o atti che ci possano evitare di trovarci in queste situazioni?

In questi capitoli sto cercando di portarti verso uno schema d'azione che parte dalla fine (nell'esempio, dai contenziosi giudiziari) e poi, a ritroso, cerca di elencarti tutte le azioni da fare per prevenirli, per non arrivare ad affrontarli o per ridurne il rischio, non sottovalutando i ruoli e le persone che necessariamente devono essere coinvolti in questo processo.

Conoscere le tecniche che permettono di neutralizzare o di ridurre l'emotività, le paure e i pregiudizi autolimitanti potrebbe aiutarti a sviluppare delle azioni che ti aiuteranno ad approdare a nuove realtà, non solo giuridicamente corrette e fiscalmente gestibili ma, soprattutto, efficaci. Isolare con una certa oggettività il problema personale derivante da un'incapacità emotiva ad affrontare progetti di questo tipo, delineando, nel contempo, l'aspetto tecnico-giuridico critico, offre una *time line* ben definita, che è un'ottima base di partenza per raggiungere il futuro che ti aspetti.

Frequentemente, purtroppo, le pianificazioni rimangono per lo più nella testa di chi le pensa, il più delle volte inespresse, prima che ineseguite, perché non portano con sé quel *click* che le farebbero scattare, se non per un pericolo imminente, ovvero un evento traumatico o pregiudizievole già accaduto, dimenticando, in questo contesto, come sia difficile prendere decisioni quando bisogna riprendersi da una perdita.

Certo è che, se le cause aumentano, soprattutto in ambito successorio, vuole dire anche che le soluzioni non sono mai state preventivamente ed efficacemente adottate e di qui ne consegue un impulso a sviluppare una pianificazione efficace considerando proprio che, in mancanza, non si possono che presentare dei problemi che rischiano di mettere a repentaglio tutto il proprio patrimonio.

Tra le false consapevolezze ricorrenti, o anche tra le paure, che ostacolano l'applicazione di alcune soluzioni che potrebbero evitare i contenziosi, c'è sicuramente quella di pensare che, nella successione, affidarsi alla legge può rappresentare la soluzione giusta, senza pensare che questo tipo di soluzione, molto spesso, non coincide con quella migliore.

Di qui una tecnica operativa, quale quella dello scalatore (1) che parte dalla meta e poi, a ritroso, scende fino a valle ripercorrendo la scalata, capendo di conseguenza cosa servirà in concreto dall'indomani dell'attivazione del percorso, sino al raggiungimento della vetta.

Individuato il tragitto o percorso, dovrai considerare anche le tutele che vorrai perseguire con riferimento sì ai beni, ma soprattutto alle persone coinvolte, scoprendo che potrai arrivare a scegliere la soluzione più giusta e migliore di altre.

E posso dirti che individuare ed allineare i principali valori, come l'uguaglianza degli affetti in famiglia, offrire una tutela specifica alle persone coinvolte, soddisfare, nei limiti del possibile, i bisogni di tutti, capire i caratteri e le inclinazioni, scoprire le attitudini di ognuno, perseguire la continuità aziendale ed esaltare le capacità e le abilità sono tutte cose che aiutano ad afferrare che si possono fare le cose giuste e soprattutto che si possono raggiungere soluzioni efficaci.

Significa anche evitare contenziosi futuri ed è proprio questo il successo che ho ottenuto nei vari casi che ho seguito, riportando una serenità che ridà stimoli per il futuro e che soprattutto placa possibili "insurrezioni" nella famiglia, nella quale, per effetto del percorso proposto alla scoperta di nuove realtà e di nuove motivazioni, si perde o si riduce la conflittualità interna, anche solo potenziale.

Il *click* non è facile, perché l'uomo tende a mantenere la sua zona di confort, che biologicamente si chiama omeostasi (2), e, tra una perdita ed una vincita, tra una reazione ed un'azione, predilige evitare le perdite (3), reagire anziché agire. Ci sono la paura di alterare equilibri consolidati, giusti o errati che siano, la paura di alimentare contrasti, di non essere in grado di saper gestire le nuove situazioni, che sono molto potenti. Ma ci sono anche paure maggiori e del tutto subdole, dalle quali può dipendere la sorte di un patrimonio, ma anche e soprattutto la serenità delle persone.

Come ha chiarito l'illustre professore sopra citato, richiamando Oscar Wilde, se «esistono tante realtà quante se ne possono inventare, in parallelo esistono tante paure quante se ne possono fantasticare». Così come si creano, si possono sicuramente anche superare.

Un detto nipponico afferma che «la paura di non essere all'altezza ci fa fare un passo in più al giorno», ma un simile sprone non è seguito nel mondo europeo dove, invece, la paura di solito porta a evitare la situazione che la crea (4). Ma attenzione, fare e non fare costano la stessa fatica, ma hanno risultati diametralmente opposti: se faremo, si apriranno determinate prospettive, sia negative sia positive; se non faremo, si apriranno prospettive per lo più negative, perché saranno condotte e gestite da altri, i quali svuoteranno la nostra volontà.

In gergo calcistico si direbbe che può sbagliare il rigore solo chi lo tira, per cui il coraggio di assumersi la responsabilità di organizzare le più efficaci architetture patrimoniali alla lunga premierà chi vorrà anche solo tentare di arginare i rischi di futuri contenziosi.

Cambiare la visione non è facile, perché, per i più, ogni cambiamento inizia dall'esperienza e non dalla conoscenza o dalla cognizione tecnica. Noi percepiamo il cambiamento con la pratica e non con la teoria, benché anche questa possa fare la differenza. Per esempio, conoscere la composizione tecnica degli alimenti non significa essere pronti ad iniziare una dieta. Infatti, seguire efficacemente un percorso per perdere peso significa perseverare nell'assumere il cibo nella quantità e nella qualità più congeniali agli obiettivi che ti sei prefissato.

Certo, la conoscenza tecnica non può che completare la fase esecutiva, ma la fase precedente, ossia quella esperienziale, è il trampolino di lancio per dare vita a quella nuova realtà che dovrà essere poi regolamentata e formalizzata attraverso gli strumenti di tutela offerti a tutti dal nostro Ordinamento. In altre parole, chi inizia un percorso di pianificazione e protezione patrimoniale senza mai essere caduto in esperienze negative, come cause e contenziosi, dovrà percepire prima di tutto l'emozione, la necessità di salvaguardare valori come la famiglia, l'azienda e l'uguaglianza negli affetti, per scoprire poi che, in quel contesto, il non fare, il non programmare, o il programmare male, implicano problemi che potrebbero mettere a rischio i rapporti personali prima ancora del patrimonio.

È un po' come passare dall'inconscio al conscio, e la dimostrazione si percepisce soprattutto in ambito economico, laddove le teorie o le tesi tecniche vengono molto spesso smentite dai comportamenti emotivamente orientati. È evidente, quindi, che chi ha vissuto l'esperienza di aver rischiato di perdere o compromettere il patrimonio sia decisamente più attivo o, meglio, reattivo; gli altri o iniziano a vivere, seppure ipoteticamente, l'esperienza o non riusciranno ad entrare nella logica e quindi non potranno captare l'opportunità che deriva dal decidere e dall'agire, ma resteranno inconsapevolmente in attesa degli eventi, sperando che non siano negativi.

Robert Frost, poeta statunitense, affermava: «Se vuoi venirne fuori, devi passarci nel mezzo». In ambito giuridico, esistono delle macro-aree che possono impattare dall'interno tutto il patrimonio, a fronte di determinati eventi. Ho già richiamato la successione, ma lo stesso vale per le donazioni, in quanto anticipo di successione, e per lo stato di incapacità, che attrae il patrimonio dell'incapace ad una sorta di gestione altrui, seppure nel suo interesse.

Se vuoi ottenere dei risultati diversi da quelli proposti dall'Ordinamento, prevenire nei limiti del possibile le liti o quantomeno ridurne il rischio, dovresti essere nelle condizioni di promuovere atti che possono portarti a risultati diversi. I numerosi contenziosi, od anche solo le situazioni che si vengono a creare senza un intervento attento e preventivo, dimostrano il fallimento del non pianificare e, nel contempo, dimostrano che, senza sensibilizzazione esperienziale, prima ancora dell'applicazione di strumenti giuridici, i copioni si ripetono nella speranza che magicamente il sistema (in questo caso la giustizia) sia in grado di risolvere le problematiche che conseguono a questa inerzia.

D'altro canto, affrontare queste tematiche spaventa, perché la prima percezione è quella di rischiare di perdere il controllo che si è in qualche modo sviluppato e consolidato, quando, per contro, si può ottenere proprio il contrario attraverso azioni che dapprima modificano la realtà e poi, una volta formalizzate in atti, rendono tutto più chiaro e tutelato dall'applicazione di strumenti che possono fare la differenza nel momento in cui garantiscono una concreta efficacia.

In altre parole, se è vero come è vero che gli eventi traumatici stimolano l'azione, allora anche la loro surrettizia simulazione dovrebbe spingere o stimolare l'adozione degli accorgimenti del caso, in modo che il cambiamento non sia drastico, ma lento, maturato e sperimentato e, per questo, efficace. Sta quindi a noi assumerci questa responsabilità, agendo e non reagendo.

Spero che un caso reale che ho seguito durante l'ultimo "cigno nero" del 2020 ti permetta di avere quella "spinta gentile" per anticipare la strada e la direzione che si può intraprendere per architettare le autotutele patrimoniali più opportune ed efficaci per il tuo caso, in modo che, oltre al tuo patrimonio, tu possa salvaguardare le persone e prevenire o ridurre, invece di risolvere, le liti e i contenziosi.

Il caso di Mr. Patrimonio è un esempio di fattispecie eccezionale su cui ho maturato definitivamente la consapevolezza che, come è vero che il medico può farti prevenire una malattia che forse potrebbe colpirti, così il consulente patrimoniale può aiutarti a guarire in anticipo da una malattia certa, che si chiama "successione", della quale, in modo altrettanto certo, gli eredi subiranno gli strascichi, più o meno importanti, se non adotterai per tempo le giuste contromisure.

Una possibile genesi di questa patologia si chiama "alto rischio di comproprietà", una sorta di "malattia", per i più ovviamente subdola, non compresa, che tende ad aggravarsi per effetto del contagio inaspettato ed incidentale con altri, che magari non si conoscono fra loro o si conoscono anche troppo bene.

Naturalmente gli elementi portanti di questa metafora si palesano solo quando accade il peggio, ovvero al decesso del *dominus* ed alla conseguente successione, per lo più regolata dalla legge: sono molto scarsi i numeri dei testamenti in Italia (da febbraio 2020 esiste il Registro generale dei testamenti), almeno sino ad oggi, e quindi, sempre ad oggi, possiamo affermare che l'eredità per lo più è devoluta per legge.

Ora, il primo punto è proprio questo: Mr. Patrimonio si è trovato, per la seconda volta nella sua vita, ad affrontare una questione spinosa legata alla distribuzione dei suoi beni personali ed aziendali. Sollecitato dall'improvvisa aggressione di un virus sconosciuto, il SARS-CoV-2, e da sintomi dal decorso ignoto, memore di un bellicoso passato, nemmeno troppo lontano, ha necessariamente deciso di agire.

Per la seconda volta, tuttavia, si è trovato a dover puntare l'attenzione sui limiti/tutele che il nostro Ordinamento pone alla circolazione della ricchezza, agli avvicendamenti proprietari ed alla loro gestione, a prescindere dal valore e nel contesto di un potenziale conflitto fra diritto delle successioni e diritto societario. In realtà, tutti noi abbiamo toccato quella realtà, sono stati molti di più gli sfortunati, direi comunque un numero esorbitante, rispetto ai fortunati.

L'effetto *framing* (5) della paura di morire aveva messo Mr. Patrimonio con le spalle al muro; la cornice ed il contesto era quello del ricovero immediato. Lo stesso effetto si può ottenere anche sviluppando uno scenario desiderato – sì, il futuro che speri si verifichi – per capire da subito che, finché potrai, avrai la possibilità di attenuare tutti i rischi patrimoniali che si possono presentare, costruendo quelle architetture che il nostro Ordinamento ci consente di predisporre, facendo una valutazione *ex ante*, ossia preventiva, non solo fiscale, ma anche giuridica, che possa raggiungere i tuoi *desiderata* e neutralizzare il più possibile tutti gli imprevisti.

In altre parole, abbiamo l'opportunità di risolvere fin da subito – seppure entro certi limiti, che vedremo in seguito – il problema, non solo successorio, ricercando la soluzione e passando da assetti proposti dalla legge ad assetti proposti da noi stessi, anche medio-tempore.

Perché allora non prevenire, anziché cercare di rimediare? Forse perché ci sentiamo immortali? Forse perché gli eventi imprevedibili accadono solo agli altri? Forse perché siamo scaramantici? La paura è un'emozione che attira: è per questo che non si vogliono affrontare questi argomenti? Beh, in parte è vero, ma allora quando assicuriamo l'auto, per quanto sia obbligatorio, lo facciamo perché pensiamo di avere un incidente? Il più delle volte non accade, ma se accadesse, saremo assicurati. Quando ci chiedono il valore del massimale come copertura del rischio, non stiamo a guardare l'euro e cerchiamo di neutralizzare anche l'evento più catastrofico.

Come in ogni gioco di strategia, dobbiamo partire dalla perfetta conoscenza delle regole rapportata al nostro contesto, ma dobbiamo necessariamente passare da un'introspezione molto delicata, perché estremamente personale. Questo aspetto fondamentale ci consente di capire come possiamo muoverci con disciplina e costanza.

Avere ben chiara la sequenza delle azioni ci aiuta a non mollare mai, fino al raggiungimento del traguardo che ci siamo prefissati. Riferendo l'azione all'azienda, tutto ciò che potrebbe coinvolgere più soggetti/collaboratori richiede una particolare attenzione. Nel rispetto della storicità aziendale e della dedizione che tutti i componenti coinvolti hanno infuso, e continuano ad infondere nella crescita dell'impresa, è necessario possedere ottime virtù comunicative ed una predisposizione alla selezione strategica, non solo degli strumenti, ma prima ancora delle persone potenzialmente deputate a portare avanti l'attività e soprattutto a compiere un'analisi del processo imprenditoriale rivolto alle potenzialità di sinergie generazionali.

Una volta intrapreso il cammino di trasformazione, l'applicazione del progetto dovrà seguire un passo costante, senza interruzioni o sospensioni temporali. Un po' come usare la stessa cadenza dei vizi: fumare la sigaretta dopo aver pranzato o cenato è un vecchio rito a cui molti non rinunciano. Portare avanti un'iniziativa che può cambiare la tua vita, e soprattutto quella della tua famiglia, oltre a farti evitare di disperdere risorse troppo spesso non riceve la stessa attenzione e continuità di esecuzione.

L'obiettivo non sarà la soluzione del problema del passaggio generazionale, ma l'individuazione della realtà che potrebbe consolidarsi nel tempo affinché si possa garantire la vita del patrimonio, sia esso aziendale o privato. Ho sempre sostenuto che il termine passaggio evoca qualcosa di negativo ed immediato ma, in realtà, la parte importante è il processo verso consolidati o nuovi assetti, affinché il tutto possa essere il meno traumatico possibile. Ed è per questo che occorre predisporre un progetto con molto anticipo.

Ogni cambiamento si consolida come una palla di neve se viene attuato con costanza e determinazione, ma in modo lento, per poterlo aggiustare, verificare, permettendo di correggere, strada facendo, la direzione della discesa innescata.

La sinergia fra persone, la condivisione dei valori e degli obiettivi singoli che, inevitabilmente, si riuniscono in un unico obiettivo, rappresenta il faro, soprattutto nelle aziende. Nel patrimonio privato valgono le stesse considerazioni, con la differenza che il coinvolgimento tecnico risponde ad altre valutazioni, perché i due mondi, quello del patrimonio aziendale e quello del patrimonio familiare, permettono soluzioni diverse, più performanti per le imprese e meno per il privato ma, ciò nonostante, efficaci al cospetto dell'attesa degli eventi.

In linea di principio, il passo in avanti strategico soffre del timore della perdita, ben spiegata da diversi autori, primo fra tutti Daniel Kahneman, già richiamato, che, nel ricostruire l'approccio del campione di golf nel siglare un *par* (numero di colpi fissato per ogni buca) rispetto al *birdie* (riuscire a concludere la buca con un colpo in meno di quello regolamentare), ha stigmatizzato quanto il risultato sia molto più ricercato per salvare una perdita, ossia quando il giocatore tira per il *par* per evitare di perdere un colpo, rispetto a quando tira per il *birdie* per acquisire una vincita, un colpo in meno sul campo.

Chiariti questi aspetti su come preparare il progetto e come approcciarsi, nel prossimo capitolo ti spiegherò l'importanza di "costruire l'arca" al cospetto del "predire la pioggia".

RIEPILOGO DEL CAPITOLO 1:

- SEGRETO n. 1: i contenziosi, specie sull'eredità, pregiudicano i valori patrimoniali in contesa, oltre a far degenerare definitivamente i rapporti personali nelle famiglie e nelle aziende, anche in ragione dell'attuale contesto sociale ed economico.

- SEGRETO n. 2: l'allineamento dei *desiderata*, preceduto dalla convergenza dei valori e delle aspettative, e la neutralizzazione dei timori di tutte le persone anche potenzialmente coinvolte negli avvicendamenti proprietari aiutano a raggiungere accordi sulle architetture patrimoniali.

- SEGRETO n. 3: la tecnica cosiddetta dello scalatore sposta subito l'attenzione sull'obiettivo rispetto al problema e, di conseguenza, crea un *focus* sulle singole azioni o sulle tappe del processo per raggiungerlo.

- SEGRETO n. 4: il *click* del cambiamento non può essere innescato solo come conseguenza di un pericolo imminente, traumatico o pregiudizievole già accaduto, ma anche da una forte motivazione a seguire un percorso continuo verso il futuro che ti aspetti; figurativamente è una sorta di palla di neve che, una volta staccata dalla sua posizione inziale, si ingigantisce inesorabilmente mano a mano che scende verso valle.

- SEGRETO n. 5: agire, anche attraverso la surrettizia simulazione delle conseguenze negative del non pianificare, è più difficile del reagire, ma spiana la strada alla vittoria sul campo della serenità patrimoniale.

Capitolo 2:

Non conta predire la pioggia, ma costruire l'arca

Finché, un giorno di inizio anno 2020, ci ritrovammo tutti in una specie di *altroquando*, un mondo che non ci aspettavamo, l'ennesima situazione assolutamente inattesa davanti alla quale, per un verso, abbiamo scoperto di essere inadeguati ma, sicuramente, per altro verso, siamo stati stimolati a capitalizzare un atteggiamento nuovo, molto più consapevole.

Era ed è stata definita una pandemia il contagio di massa da Coronavirus: sono seguiti migliaia di morti, anche in Italia. Ricordo di avere appreso dell'imminente primo *lockdown*, l'8 marzo 2020, mentre mi trovavo fuori casa, a cena con amici. Il ristorante in cui mi trovavo era gremito di avventori, come da situazione classica, seppure per una domenica qualunque, una situazione che non si sarebbe più ripresentata sicuramente per qualche tempo.

Non ci credevo, pensavo fosse una *fake news*. Molti, presi dall'allarme, lasciarono il ristorante in quello stesso momento, altri il giorno dopo. Io non mi mossi da quella che, da seconda casa, era diventata ufficialmente la mia prima casa e poi anche luogo di lavoro. Sì, perché è vero che a volte, anzi spesso, solo dopo aver fatto certi passi ai quali dai poca importanza ti accorgi, nel tempo, che sono stati grandi passi di cui in un primo momento non avvertivi la rilevanza, ma che nel medio e lungo periodo ti hanno portato a risultati inaspettati ed importanti.

Così, questo immediato stop mi portò a rifare il punto nave, dapprima professionale, per le contingenze che dovevo affrontare, e poi personale. Il tempo era volato, sembra un luogo comune, ma tant'è. Avvocato da quasi venticinque anni, letteralmente volati dietro alle scadenze ed ai contenziosi nel corso dei quali, tuttavia e per fortuna, avevo maturato una passione per la consulenza patrimoniale, meglio declinata come una sorta di autotutela preventiva ed ottimizzazione fiscale.

Tutto iniziò sul finire degli anni Novanta, quando incappai in un caso molto stimolante che mi fece approdare all'istituto del *trust*.

Era il 1999, forse 1998, anno in cui frequentai un convegno ad Ancona dove, per la prima volta, avevo capito la portata dello strumento, soprattutto in ambito para-successorio. Di lì, la formazione, gli approfondimenti, i collegamenti con altri strumenti giuridico-fiscali che permettessero quella programmazione consapevole del futuro che ti aspetti per ciò che faticosamente hai patrimonialmente costruito nella tua vita, ma che puoi anche avere ereditato.

Sul finire degli anni Duemila, ebbi la fortuna di costituire anche una Trust Company professionale assieme ad un altro professionista, per meglio applicare e gestire questo potente strumento di origine anglosassone. Io stesso, per la mia posizione, ci stavo pensando, stavo decantando, in realtà ho decantato il tutto proprio nel periodo di *lockdown*.

In fondo, la decisione di fare formazione nella materia patrimoniale era servita anche a me per soffermarmi su certi aspetti, che nel contempo avevo raccolto frequentando Master, corsi da Coach e di problem solving, grato di aver partecipato ad approfondimenti di questo tipo e di aver conosciuto eccellenze della materia che mi avevano fatto aumentare la passione per quello che stavo maturando di fare. Inutile dire che infatti l'idea era di diffondere il verbo «prevenire è meglio che curare», tipico del campo della medicina, ma molto efficace anche nel campo patrimoniale. Il problema è che quando si intrecciano diritti, interessi, non è facile farli convergere.

Con questa consapevolezza, oltremodo confermata dalla situazione che si stava vivendo, e dopo aver percepito come ormai verosimile ed imminente un lungo periodo di *lockdown*, come poi è puntualmente avvenuto, la sera stessa dell'8 marzo 2020 decisi di inviare un messaggio ai clienti con i quali avevo fissato, per le due settimane entranti, degli appuntamenti nei miei due studi.

Ricordo di aver scelto per lo scopo la mia mailing list, che tengo piuttosto aggiornata e che uso per inviare periodicamente commenti a sentenze, risoluzioni e interpelli dell'Agenzia delle Entrate in materia di tutela del patrimonio.

All'interno, professionisti come consulenti finanziari e commercialisti, indirizzi di persone con le quali ero venuto in contatto, anche lavorativo, ma poi vi erano confluiti anche clienti, ex clienti ecc., già tracciati per aver avuto a che fare con questioni patrimoniali.

Ricordo di aver diretto il messaggio a tutti indistintamente; chissà perché, in fondo volevo avvisare solo quelli che avrei dovuto incontrare in quella settimana. Forse per pigrizia, o forse per una strana coincidenza, un po' come per sentirmi importante nel comunicare che comunque, nonostante le imposte restrizioni, il mio supporto legale non sarebbe venuto meno, anche se non più attraverso collegamenti dal vivo, ma attraverso mezzi diversi, alternativi, quali lo smart working e le piattaforme web.

A coloro che avevano già appuntamenti fissati rivolsi l'invito a mantenerli, attraverso lo smart working e con colloqui in remoto sfruttando per esempio *Skype*, oppure *Zoom*, piattaforme digitali di connessione ormai accettate con successo in ogni attività. I regolamenti istituiti con il *lockdown* mi avrebbero permesso, nel corso di quel periodo, di andare in studio, seppure per necessità, ma scelsi di lavorare da casa, anche perché, in verità, l'ufficio per me è sempre stato luogo di ricevimento e non di smaltimento del

del lavoro.

I miei due uffici distavano troppo da dove mi trovavo in quel momento, una nuova residenza distante circa cento chilometri da Milano dove, da una decina d'anni, per questa passione professionale, avevo aperto una sede secondaria, e duecento chilometri da Ravenna, dove risiedeva lo Studio principale. Le autocertificazioni permettevano eccezionalmente di uscire, ma tra le causali possibili per i clienti non era certo compresa quella di "andare dall'avvocato".

Ed ecco che, poche ore dopo l'invio di quel messaggio, intorno a mezzanotte arrivò non la conferma di qualche appuntamento già fissato, ma la prima richiesta di videochiamata, urgente! Mi giunse da parte di un ex cliente che avevo conosciuto e assistito all'inizio della mia attività, a metà degli anni Novanta. Guarda caso, uno di quelli che mi aveva dato l'occasione di esaminare determinati approfondimenti che mi avevano fatto scoprire la passione per la materia delle successioni che poi, nel tempo, sarebbe cresciuta fino a diventare una sorta di specializzazione.

Una vera sorpresa. D'ora in poi, come anticipato, chiamerò questo cliente "Mr. Patrimonio", un nome ovviamente inventato, ma attinente alla sua storia. Così come chiamerò con nomi altrettanto di fantasia le persone che hanno vissuto la problematica con lui. L'incontro in videoconferenza era prenotato per la mattinata del giorno dopo, alle 10:00. Peraltro, già da tempo, tramite il mio sito avevo già organizzato le prenotazioni online degli appuntamenti, specie in videoconferenza.

Sulle prime, immaginai uno scenario sicuramente grave. Erano passati quasi quindici anni da quando l'avevo sentito l'ultima volta. Cercando di riportare alla mente le sue questioni affrontate all'epoca, ricordai che era coniugato con Maria. Dalla loro relazione erano nati due figli gemelli, maschio e femmina, che chiamerò Luca e Sara.

Ricordai che allora si era rivolto al mio Studio perché aveva una lite con il fratello, causata dalla divisione di quanto ricevuto in eredità dal padre, un imprenditore *self-made man* che aveva preventivamente donato al figlio, Mr. Patrimonio, parte delle sue partecipazioni societarie, ma non aveva poi fatto testamento, lasciando quindi, alla sua morte, indivisi i cespiti rimasti, compresa la stessa azienda, e facendo rientrare dalla "finestra" l'altro figlio che, in realtà, aveva deciso di uscire dalla "porta" dell'attività di famiglia.

Come è noto, il nostro diritto successorio tutela fondamentalmente le persone offrendo quote di cespiti a ciascun erede, in ragione del rapporto di parentela con il *de cuius*, mentre il diritto societario tutela fondamentalmente le attività, offrendo diritti che possano esaltare le abilità dei soci. Nel caso di Mr. Patrimonio, il padre, comandante originario dell'impresa, aveva scelto di consegnare il testimone ad uno dei due figli, forse per il fatto stesso che l'altro figlio aveva, in modo volontario o no, preso altre strade, dimenticando, tuttavia, che la residua partecipazione da lui stesso mantenuta nella società, avrebbe potuto far rientrare in società l'altro figlio, per effetto della successione per legge.

La questione della quale mi occupai era la resistenza di Mr. Patrimonio ad un'azione volta a riconsiderare la donazione dell'azienda fatta dal padre al figlio, questione che poi sfociò in divere cause, per fortuna risolte prima delle relative sentenze, ma dopo qualche anno di scambi feroci di atti e colpi bassi che implicarono anche accertamenti fiscali.

D'altra parte, come spesso accade, nel nome di quell'uguaglianza sostanziale, soprattutto tra i figli, è risultato che Mr. Patrimonio era stato sì destinatario della donazione di parte delle partecipazioni societarie, ma l'altro figlio-fratello aveva ricevuto dal padre altre liberalità, impiegate per avviare un importante e costoso studio professionale.

Tutte le cause restarono imperniate attorno all'unico argomento, ossia chi aveva già preso di più dell'altro fino a mettere in discussione la stessa lesione della quota cosiddetta di legittima, ossia quella quota riservata dalla legge a ciascun erede legittimario.

Risentirlo dopo diversi anni non poteva che farmi piacere, ma mi fece subito pensare che fosse già successo qualcosa di simile. D'altra parte è noto che all'avvocato ci si rivolge soprattutto all'ultimo momento, ossia quando non se ne può più farne a meno, per lo più quando si riceve la notifica di qualche atto giudiziario. Spesso, quando un cliente ritorna, il tema è ancora quello per il quale lo avevi seguito, soprattutto se era rimasto soddisfatto del lavoro in precedenza prestato.

Ricordavo Mr. Patrimonio come un bravo imprenditore che sapeva coordinare tutte le risorse. Un uomo di sani valori, molto attento alla famiglia ed alle esigenze di tutti i suoi componenti, proprietario di svariati beni, oltre all'azienda di famiglia. Per fortuna, per uno spiccato interesse a lavorare ovunque fuori dall'ufficio, ero già da tempo riuscito a digitalizzare tutto il mio archivio, almeno per atti, documenti e corrispondenza, e ciò mi consentì di consultare il suo vecchio fascicolo archiviato.

Ebbi quindi la possibilità di rileggere la corrispondenza di aggiornamento della vecchia lite con il fratello. Tra le innumerevoli comunicazioni, trovai quella nella quale mettevo in risalto come le donazioni ricevute dal padre fossero state un azzardo e come, comunque, un banale foglio di carta nel quale il padre, attraverso un testamento avrebbe potuto fare delle specifiche attribuzioni dei cespiti, avrebbe evitato, o meglio ridotto, il rischio delle cause per le quali poi abbiamo discusso animatamente per almeno un quinquennio.

All'epoca non era ancora entrato in vigore il patto di famiglia, ma sicuramente una soluzione diversa dalla donazione si sarebbe potuta trovare se solo il padre di Mr. Patrimonio si fosse rivolto ad un professionista capace di suggerirgli un percorso giuridico migliore di quello, probabilmente poco meditato e poi lasciato incompleto, affidandosi, più o meno consapevolmente, alla legge per la sua successione.

A margine trovai anche l'invito fatto a Mr. Patrimonio, a causa definita, ad un mio convegno in cui professavo la necessità di pensare alla pianificazione ed alla tutela patrimoniale come antidoto alle possibili criticità che la vita ci riserva. Ricordo che proprio lui, in quell'occasione, era intervenuto dando la sua testimonianza e confermando quello che era accaduto e cosa si sarebbe dovuto fare. Ho rivisto perfino la locandina dell'evento, era il 2002, rileggendo anche la relazione, qualche vecchio appunto, le domande.

Già all'epoca il tema iniziale era quello di riporre l'attenzione sul prevenire questo tipo di questioni, non tanto prevedendo la pioggia, ma iniziando a costruire l'arca, importando così una nota frase, già più volte richiamata, di Warrent Buffett, economista e imprenditore di fama mondiale.

Anche nella migliore delle ipotesi, ossia quando si deve affrontare un contenzioso, definito fortunatamente con un accordo conciliativo o una transazione, si crea comunque una barriera/separazione fra i contendenti che continuerà anche nelle successive generazioni. Mr. Patrimonio, inoltre, aveva vissuto la lite sull'impresa di famiglia che lui stesso era stato deputato a proseguire, in contesa con il fratello, a cui invece molto probabilmente non interessava, anche per la diversa formazione ed inclinazione.

Ricordo che la richiesta di quest'ultimo era basata in sostanza sulla necessità di riequilibrare quello che, secondo lui, Mr. Patrimonio aveva avuto in donazione dal padre, dalla partecipazione in azienda a beni di origine *extra* aziendale, rivendicando così cifre irreali per la sua fuoriuscita dalla società, originariamente tutta del padre.

Ma tant'è. Prassi vuole che, come in un viaggio, nel bel mezzo del cammino ti capiti qualcosa di imprevisto e che tu ti senta perso, perché, da un lato, ti ritrovi senza risorse, dall'altro non ti senti adeguatamente pronto a reagire. L'emotività prende il sopravvento e non sai più in che direzione andare.

Nel fascicolo trovai anche alcune *slide* di quel convegno con riferimenti alla sua situazione. Immaginando una sua possibile testimonianza, in una di esse avevo raffigurato metaforicamente la spia rossa del motore. Quella che, da quando si accende sul cruscotto dell'auto fino a quando non si spegne, ti ricorda che ogni ulteriore passo costituisce sicuramente un rischio, un pericolo, pertanto fai di tutto per fermarti alla prima officina.

Nel suo caso, la fatidica spia si accese quando il padre di Mr. Patrimonio ebbe le prime avvisaglie della malattia che poi lo vinse. Anche le altre spie patrimoniali, come le donazioni fatte senza alcun criterio, ancorché ad entrambi i figli, ma di valori e nature diverse, frutto di un'analisi *ex ante* o preventiva, solo probabilmente di natura fiscale, erano il preludio di una sicura grande causa.

Oggi avrei cambiato la *slide*, mettendo al posto della spia rossa del motore un cigno nero, che troviamo sempre più spesso in agguato, relegando quello bianco ad una sorta di eccezione che conferma la regola. Nel 2007, appena uscì il famoso libro dal titolo *Il cigno nero* (6) ebbi la fortuna di leggerlo e da allora ho sempre in mente alcuni dei suoi passi. L'autore, dotato a mio avviso di straordinario acume, con puntuale e precisa disamina ha descritto come siano stati ricordati e riconosciuti, tra gli eroi dell'attentato dell'11 settembre 2001, i pompieri che persero la vita per salvare le persone intrappolate nelle fiamme dell'incendio provocato dal dirottamento dei due aerei che si schiantarono sulle Torri Gemelle.

Eroi che, con coraggio e abnegazione, sacrificarono la loro vita per salvare altri, ma, tuttavia, nessuno ha ricordato e riconosciuto come eroe colui che aveva inventato la chiusura automatica delle cabine di pilotaggio degli aerei. Il suo dispositivo avrebbe, con tutta probabilità, impedito i dirottamenti, così come in effetti oggi accade.

In questo periodo storico, particolarmente colpito da una pesantissima congiuntura economica, sarebbe opportuno l'approccio inverso, ossia considerare eroe chi ti mette nelle condizioni di prevenire gli eventi negativi e vittima sia quelle persone che perderanno qualcosa, sia chi cercherà di salvarle, sacrificandosi per loro.

Mi riferisco a tutti quei clienti che iniziano una causa pensando di vincerla ed ai loro avvocati sempre più in difficoltà quando, dopo la sentenza, cercano di spiegare il mancato accoglimento in tutto o in parte delle loro ragioni. Chi agisce o agirà in prevenzione degli eventi, provando o costruendo "un'arca", avrà sicuramene un vantaggio competitivo incalcolabile, per se stesso e per la sua famiglia, considerata la frequenza con cui si sono presentati i "cigni neri" negli ultimi anni.

Per fare qualche esempio, è sufficiente elencare la grande crisi economica che cominciò nel 2008, il disastro nucleare di Fukushima del 2011, la crisi petrolifera del 2014, il lunedì nero cinese del 2015, quando la Borsa di Shanghai crollò sul rallentamento dell'economia cinese, la Brexit del 2016 e il Coronavirus del 2020.

Senza richiamare eventi particolarmente eccezionali come l'attentato dell'11 settembre, od anche solo le "spie rosse dei motori", già nelle piccole cose di tutti i giorni seguiamo comportamenti irrazionali che trascurano prudenza e prevenzione dell'incidente. Quante volte, per esempio, ci capita di acquistare un prodotto che poi cerchiamo di usare senza leggere le istruzioni, salvo poi andare alla ricerca di qualcuno che ci aiuti a sbloccarlo, od anche solo ad accenderlo? Eppure prodotti e sistemi contengono sempre le informazioni dettagliate relative all'utilizzo in sicurezza.

Addirittura è più verosimile pensare che questo approccio possa essere rinforzato dalla tecnologia. Fioriscono sul web istruzioni e soluzioni immediate con la pubblicazione di tutorial, ottimi per aiutare l'utente a rimediare agli errori commessi, magari anche solo per aver mandato in blocco un banale elettrodomestico. Ecco, qui voglio accompagnarti in un breve tutorial sviluppato attraverso un caso che di lì a qualche minuto mi avrebbe raccontato il cliente.

Eravamo finalmente pronti ad iniziare una sessione di videochiamata con *Zoom*, ma già avevo ripassato e ripercorso una verità indiscutibile, sostenuta da un famoso economista ed imprenditore, che noi tutti dovremo ricordare come una sorta di mantra, ossia che "non conta predire la pioggia, ma costruire l'arca". Le realtà che mi sono capitate, come, peraltro, il caso di Mr. Patrimonio, dimostrano che, ultimamente, se non si riesce neppure a prevedere la pioggia, tantomeno si pensa a costruire l'arca, anche perché si sottovalutano le insidie che molto spesso possono formarsi all'interno della famiglia stessa.

Ricordo che l'avvio del colloquio, esauriti in pochi secondi i convenevoli di rito, non fu per nulla confortante. Mr. Patrimonio, senza troppi giri di parole, mi informò di avere il Covid-19. Si trovava solo in casa, seguito a distanza dai medici, i quali gli avevano dato tutta la strumentazione per monitorare l'ossigenazione del sangue. La preoccupazione che lo aveva indotto a contattarmi, a prescindere comunque dal mio messaggio mail, riguardava il cosa fare velocemente, come gestire l'azienda, quell'impresa che già era stata oggetto di lite con il fratello.

Lo stato febbrile, con temperatura non elevata, ma con il serio rischio che potesse crollare repentinamente l'ossigenazione sanguigna, lo aveva portato a prendere delle contromisure. I medici gli avevano suggerito fin da subito di tenersi in ogni momento pronto per un eventuale ricovero.

In realtà, mi ero da subito immedesimato nella sua situazione e, mentre mi parlava, mi chiedevo cosa avrei fatto se la stessa cosa fosse accaduta a me. Quante questioni lavorative mi avevano catapultato nella vicenda, direi tutte, ma questa di più, forse perché la percezione era quella di qualcosa di assolutamente straordinario, ma che poteva verosimilmente in detto periodo colpire tutti indistintamente, senza alcun preavviso.

Conclusa la parentesi relativa alla sua delicata condizione, mi aggiornò sullo stato familiare e lavorativo. Rispetto alle mie conoscenze, mi ricordò di essersi separato consensualmente dalla moglie Maria nel 2000, circostanza che non ricordavo, ma che in realtà, non potevo sapere, perché seguita dal legale proposto dalla moglie. Mi riferì che subito dopo aveva conosciuto Bianca, avviando con lei una convivenza, cosiddetta *more uxorio*, dalla quale aveva avuto un altro figlio, Andrea, che già era divenuto maggiorenne e diplomato, ed era entrato in azienda come dipendente.

La convivente aveva comunque già un altro figlio, Roberto, nato dal precedente matrimonio ed anch'egli maggiorenne, il quale viveva con loro e frequentava l'azienda, dove aveva iniziato la gavetta nella produzione. La ex moglie – non tanto ex per il diritto, perché solo separata – era titolare di assegno di mantenimento concordato durante la separazione consensuale, dato che da sempre svolgeva lavori precari e quindi non era economicamente indipendente.

Luca era l'unico figlio ad avere preso altre strade, un po' in competizione con il padre, in quanto stava cercando di sviluppare un'attività non molto lontana dal settore merceologico dell'impresa di famiglia, peraltro, con notevoli difficoltà economiche, anche imputabili alla crisi economica, mentre Sara, nonostante vivesse ancora con la madre, era già divenuta socia della società, dedicandosi all'amministrazione.

Mr. Patrimonio mi aggiornò dettagliatamente su tutta la storia, dicendomi che era rimasto in buoni rapporti con Maria, "moglie", ma che non era ancora riuscito a divorziare per paura di dover affrontare la questione e soprattutto di creare o alimentare dei contrasti. Nelle varie prese di contatto, la moglie aveva infatti chiesto un aumento dell'assegno, poiché aveva perso il lavoro, rendendo così più complessa l'auspicata cessazione definitiva degli effetti civili del matrimonio.

Nella successiva relazione con Bianca, Mr. Patrimonio aveva già creato delle cointestazioni di beni, dalla casa dove vivevano ai conti correnti, e l'aveva già nominata unica beneficiaria di una polizza vita. In ultimo, accanto all'azienda di famiglia, Mr. Patrimonio aveva avviato una ditta individuale, una sorta di web agency che curava la produzione di video pubblicitari, foto digitali ecc., con ciò preannunciandomi di avere anche un notevole "patrimonio digitale" da tutelare. Gli si era pertanto accesa la famosa "spia del motore".

Insieme abbiamo quindi dato un'occhiata al "libretto di manutenzione", metafora che racchiude in questi casi un'analisi preliminare degli asset proprietari familiari ed aziendali, scoprendo che non erano possibili, in quel momento e nel breve periodo, interventi rapidi. Occorreva prendersi un po' di tempo e pensare a qualcosa di più sistematico. Immaginando una sorta di sceneggiatura da seguire per la preparazione del caso, iniziai la valutazione del contingente, approfittando del fatto che Mr. Patrimonio era ancora ben memore di quanto era accaduto nel contenzioso con il fratello.

Ma questa nuova situazione si presentò molto più intricata, benché intrigante per quanto concerne la mia professione. I figli interessati non erano solo due, ma tre, titolari di uguali diritti di fronte alla legge, ma molto distanti per età. Luca, come detto, aveva intrapreso altre strade rispetto all'azienda di famiglia, oltretutto, affossato dai debiti, nonostante gli aiuti del padre, che gli aveva anche donato un mini-appartamento dove si era trasferito ad abitare. Sara era già socia della società ed il suo ingresso era stato formalizzato dall'ennesima donazione. Anche l'ultimo figlio, Andrea, vi era appena entrato, ma attraverso un rapporto di lavoro dipendente, senza considerare la posizione di Roberto, anche lui dipendente, da considerarsi figlio "sociale", perché figlio della convivente, ma non certo di Mr. Patrimonio.

Colsi quindi l'occasione per ripercorrere brevemente la vecchia lite di Mr. Patrimonio con il fratello, evidenziando che il nostro Codice, soprattutto nel campo successorio, non aveva nel frattempo modificato nulla di ciò che lui stesso aveva vissuto, nonostante fossero passati più di vent'anni. A parte pochi interventi innovativi, che si possono contare sulle dita di una mano, come l'introduzione del patto di famiglia, ossia quel patto deputato a siglare l'accordo fra i legittimari (coniuge e discendenti) affinché venga assegnata l'azienda a chi, fra i figli, viene concordemente scelto per proseguire nell'azienda.

Come spesso accade, quando entri in queste dinamiche di cambiamento potenzialmente repentino, rischi di entrare in confusione e difficilmente riesci a capire le priorità, perché tutto sembra prioritario ed urgente. Mr. Patrimonio era nel panico per la sua situazione, perché stava rivivendo ciò che aveva già vissuto attraverso il padre. Si rendeva conto di aver fatto gli stessi errori, ossia che stava rischiando di favorire ufficialmente la figlia Sara rispetto agli altri (in particolare Andrea) non già per una scelta consapevole, ma per la situazione di fatto che si era venuta a creare.

In altre parole, Mr. Patrimonio non avrebbe mai voluto privilegiare un figlio rispetto all'altro, ma il fatto che Luca avesse preso altre strade ed il figlio Andrea fosse troppo giovane per poterlo inserire ufficialmente nell'azienda, lo avevano portato a percorrere degli step analoghi a quelli seguiti dal padre, e quindi fallimentari.

Io cercai di tranquillizzarlo, suggerendogli nell'immediatezza di predisporre delle deleghe/procure per la gestione dell'azienda, consigliandoli di fare un testamento nella forma olografa a tutela della convivente e del figlio "sociale", destinando loro, eventualmente, la quota disponibile – nel suo caso un quarto del patrimonio – in modo da neutralizzare, nei limiti del possibile, quelle comproprietà, specie della casa in comune con Bianca, rimandando una pianificazione più attenta alla guarigione, nella speranza che il tutto si potesse risolvere il prima possibile. Nel caso in esame, non solo erano stati fatti degli errori, con recidiva, probabilmente, anzi, sicuramente, in buona fede, in attesa di meglio definire gli assetti nel tempo, ma, nonostante i precedenti, l'architettura patrimoniale, o l'arca da costruire, non esisteva, e comunque avrebbe sofferto già di falle, potenzialmente rischiose.

Nei prossimi capitoli affronterò con te le principali falle da evitare per non ritrovarsi nella situazione vissuta da Mr. Patrimonio e vedremo come neutralizzare le principali paure, quali quella di alterare gli equilibri affettivi all'interno della famiglia e, soprattutto, quella di fare un torto a qualcuno, creando le basi per affondare l'arca prima di averla costruita.

RIEPILOGO DEL CAPITOLO 2:

- SEGRETO n. 1: il caso di Mr. Patrimonio offre un esempio delle varie problematiche che si possono presentare se non si interviene in via preventiva con architetture patrimoniali improntate a forme di autotutela strategica, specie se si ripetono errori dovuti anche a non adeguate conoscenze legali.

- SEGRETO n. 2: i continui "cigni neri" degli ultimi anni, tra cui l'ultimo, il Coronavirus, impongono un approccio inverso, ossia quello di premiare chi previene rispetto a chi risolve, privilegiando l'azione, ossia la realizzazione di strutture solide, essendo importante la costruzione dell'"arca" al cospetto del "predire la pioggia".

- SEGRETO n. 3: le architetture patrimoniali, tuttavia, non sono di immediata realizzazione ed esecuzione, ma implicano tempi di costruzione, oltretutto da decantare, verificare ed adattare, per cui devono essere predisposte con il giusto anticipo e non in via d'urgenza.

Capitolo 3:
Come evitare le falle e i possibili rimedi

3.1. La portata della successione per legge

La soluzione proposta dal nostro Ordinamento in materia successoria continua ad essere indirizzata ad una sorta di frammentazione del patrimonio, all'insegna di un'uguaglianza di quote e *status* interna solo alla famiglia fondata sul matrimonio. Ciò significa, per fare un semplice esempio, che se il *de cuius* lascia un solo appartamento, dove viveva, questo appartamento sarà suddiviso, *pro-indiviso*, in quote quanti sono gli eredi.

Nel caso di ipotetico decesso di Mr. Patrimonio, lasciando una moglie, ancorché separata, e 3 figli, i beni si sarebbero trasferiti per 1/3 alla moglie, e per 2/3 ai figli, a fronte comunque dell'accettazione dell'eredità. In altre parole, ricordai al mio cliente il paragone dell'asse ereditario ad una torta da dividere, non in fette, ma per strati, spettando agli eredi una quota di tutto.

Senza considerare che l'eredità si potrebbe incrementare delle donazioni fatte in vita come, ad esempio, parte della partecipazione della società donata soltanto alla figlia Sara e gli aiuti al figlio Luca (denaro ed immobile), con la conseguenza che si sarebbe potuta ridisegnare la consistenza della torta e la conseguente consistenza di tutti gli strati.

Comproprietà che finiscono per essere spesso fonte di cattive gestioni e potenziale causa scatenante di liti, aggressioni, divisioni, svendite ecc. Nell'esempio sopra richiamato di un solo appartamento, è quasi impossibile arrivare ad una divisione nel rispetto e secondo le quote di legge, e quindi tutti dovranno concorrere nella gestione, affidata alla maggioranza di valore, come in tutte le comunioni ordinarie.

Questo limite, improntato all'equità della quantità, è talmente forte che, se Mr. Patrimonio si fosse aggravato fino a mancare, si sarebbe rischiato di aprire il vaso di Pandora delle liti fra le due famiglie, nelle quali, peraltro, la convivente Bianca doveva considerarsi quasi un'estranea, se non fosse stato per le comproprietà già a quest'ultima intestate che le avrebbero permesso di continuare a vivere nella casa comune, mentre totalmente estraneo doveva considerarsi il figlio Roberto, ritenuto, come già anticipato, nel gergo tecnico, figlio "sociale" di Mr. Patrimonio.

Sì, perché il convivente *more uxorio* non è chiamato all'eredità, né tantomeno erede legittimario, poiché ha ottenuto dalla recente normativa, L. 76/2016, solo il riconoscimento di un legato *ex lege,* ossia il diritto di abitare nella casa "familiare" (non un diritto di abitazione) equivalente ad un diritto personale di godimento, da un minimo di 2 anni ad un massimo di 5, in base alla durata della convivenza stessa, purché si sia provveduto a registrarla all'Ufficio Anagrafe del Comune di residenza.

Per contro, il coniuge, ancorché separato, come nel caso di Maria, continua ad essere un legittimario, oppure, anche se divorziato e titolare di assegno alimentare, deputato a richiedere l'assegno successorio, eventualmente beneficiando di una quota sulla pensione di reversibilità e sul trattamento di fine rapporto. Cosa sarebbe accaduto quindi nell'ipotetica successione per legge di Mr. Patrimonio? Sarebbe accaduto che Maria, in mancanza di testamento, avrebbe ricevuto la quota di 1/3 di tutto l'asse ereditario e quindi anche delle quote di comproprietà che il marito (di fatto "ex" marito) aveva con Bianca, nella casa e nei conti correnti; comproprietà certamente da sciogliere anche per ciò che sarebbe potuto entrare in comproprietà con i figli Luca, Sara ed Andrea per i restanti complessivi 2/3.

L'unica consolazione era che anche Andrea, l'ultimo figlio, avrebbe ereditato la stessa quota degli altri figli della prima famiglia, non essendoci più da tempo distinzioni fra figli legittimi e naturali, questi ultimi nati fuori dal matrimonio. Non solo, ma i creditori di Luca, come detto in difficoltà con la propria azienda, grazie a questa eredità avrebbero potuto aumentare le garanzie per il recupero dei loro crediti ma, nel contempo, gli altri eredi sarebbero stati indirettamente coinvolti negli eventuali pignoramenti delle quote di Luca.

L'aggressione dei creditori della quota dei beni di Luca implica, infatti, anche per i comproprietari estranei al debito il dovere di attendere la chiusura della procedura, poiché, il più delle volte, non è possibile separare la quota del proprietario non debitore dal resto del cespite.

Ma allora perché a fronte di questo possibile scenario o, nella migliore delle ipotesi, di tutele solo quantitative o per quote, non si fa nulla per meglio regolamentare queste situazioni, aspettando sempre che gli eventi accadano? Credo che continui a prevalere, come accaduto e riferito da Mr. Patrimonio, una duplice problematica, per lo più emotiva. Da un lato, c'è la paura di affrontare con la famiglia originaria certi argomenti, ossia cercare di capire sin da subito come poter regolamentare, seppure nel tempo, il subingresso nell'azienda, o come definire i rapporti con la ex moglie e con la convivente senza alterare equilibri il più delle volte molto precari. Dall'altro lato, c'è la paura di sbagliare, nella forma e nella sostanza, di commettere involontariamente qualche torto in famiglia, rimettendosi comunque alla legge, per ogni soluzione e con ciò privilegiando una sorta di equità della quantità, al cospetto ed a dispetto della scelta della qualità.

Forse manca una visione di insieme che io vorrei trasmettere, vale a dire che il nostro Ordinamento, in senso metaforico, può essere equiparato ad un supplente delle nostre volontà o, più in generale e in senso figurato, ad una sorta di natura che riempie i vuoti, garantendo comunque le quote di legge a determinati soggetti, chiamati appunto legittimari, proponendo soluzioni, tuttavia, non definitive.

I fatti accadono e non possiamo farci nulla, se non eventualmente neutralizzarne le conseguenze negative. Sì, questo lo possiamo fare, seppure entro certo limiti, e lo fanno in pochi, in particolare coloro che sono scottati, che hanno vissuto sulla loro pelle la paura di cambiamenti repentini. Mr. Patrimonio aveva già commesso l'errore di non pensare a queste conseguenze, nonostante le avesse già vissute, seppur a fronte di una situazione decisamente più semplice, almeno per cespiti e persone coinvolte.

È evidente che, come spesso accade, i tempi non sono mai maturi, infatti, come riferito da Mr. Patrimonio, la ex moglie Maria avrebbe dovuto trovare un nuovo lavoro e solo poi si sarebbe potuto formalizzare il divorzio; il figlio Luca sarebbe potuto rientrare nell'azienda di famiglia; la figlia Sara avrebbe dovuto maturare specifiche competenze professionali; l'ultimo figlio, Andrea, avrebbe dovuto ricoprire determinati ruoli, per i quali non era ancora pronto. Tutte giustificazioni pseudo personali che nulla avevano a che vedere con quanto avrebbe comunque dovuto già affrontare.

L'Ordinamento però ci aiuta, perché se i contratti sono "irrevocabili", salvo eccezioni, il testamento è sempre revocabile, finché non puoi più metterci mano. Certo, nel caso di Mr. Patrimonio poteva sembrare indelicato suggerire di fare velocemente un testamento, ma forse era l'unica cosa urgente che si poteva predisporre, oltre alle deleghe o procure alla figlia Sara, compatibilmente con lo Statuto della società.

Sappiamo che nel diritto la qualificazione del più forte corrisponde a chi ha più poteri, più diritti e quella del più debole a chi ne ha meno, a chi ha doveri. In materia contrattuale, per esempio, sicuramente il più forte è colui che ha negoziato ed ottenuto particolari prerogative, riducendo il più possibile gli obblighi/doveri nei confronti dell'altra parte. Una volta sottoscritto il contratto è come se fosse legge fra le parti ed è, fondamentalmente, irrevocabile.

I contratti sono tipici (cioè un po' come dire preconfezionati) e anche atipici (da confezionare): qual è la differenza? È la stessa che passa tra un vestito comprato al centro commerciale e un vestito commissionato al sarto. Per esempio, il contratto di assicurazione, contratto assolutamente tipico, lascia poco spazio al contraente, potenzialmente da assicurare, di trattare ed interloquire per far valere qualche proprio diritto particolare: o il contraente accetta o non accetta.

Questo è un esempio di massimo potere in capo ad una parte contrattuale, detta proponente, tanto è vero che l'art. 1341, 2° comma Cod. Civ., a proposito dei contratti conclusi mediante moduli o formulari, regola le clausole vessatorie, ossia quelle particolarmente gravose per chi le sottoscrive, tipo i termini per il recesso, le decadenze e le penali, tanto che è richiesta, a pena di nullità, l'apposita sottoscrizione da parte del contraente che le accetta. Il più debole potrà semmai non accettare, ma certo non potrà negoziare; se non accetta non avrà l'assicurazione, potrà sceglierne un'altra, ma le disposizioni generali e le clausole vessatorie saranno sempre imposte.

Ti faccio un altro esempio. Nel contratto di locazione, anche questo contratto tipico, il locatore di solito negozia le varie clausole, ma la durata, per esempio, è stabilita dalla legge: nelle locazioni commerciali potrà essere di 6 anni + 6, a prescindere da quanto pattuiscono le parti, locatore e conduttore. Il canone, nelle locazioni abitative della durata di 3 anni + 2, sarà predeterminato nell'importo in ragione di determinati presupposti, mentre è libero in quei contratti della durata di 4 anni + 4.

Assistiamo, quindi, nella materia contrattuale, ad un'interferenza più o meno marcata della legge, anche se le parti, in ultima analisi, possono creare dei contratti cosiddetti atipici che, tuttavia, devono avere una finalità meritevole di tutela, ossia devono essere compatibili con i principi fissati dal nostro Ordinamento. Il leasing, per esempio, da anni impiegato per i beni strumentali, non è previsto da alcuna normativa, eppure è un contratto valido ed efficace perché riunisce due contratti tipici: la locazione e il mutuo/finanziamento.

E in campo successorio cosa accade? Abbiamo tutte queste libertà? Chi ha questi poteri ed in cosa consistono? La

Costituzione, all'art. 42, precisa che la successione si ha per legge o per testamento. Sono vietati i cosiddetti patti successori, ossia i contratti che hanno per oggetto l'eredità, ma si può scegliere di scrivere il testamento, il quale non presuppone un accordo preventivo con gli eredi, essendo un atto unilaterale, ossia un atto che non necessita del coinvolgimento di nessuno, ma che semmai implica l'osservanza di determinati requisiti, soprattutto di forma, quali, per esempio, la data, l'autografia e la sottoscrizione, per quello cosiddetto olografo. È comunque un atto tipico, sempre revocabile.

Non solo, se pensiamo all'oggetto, il contratto si riferisce sempre a qualcosa di determinato o di determinabile; negli esempi sopra richiamati della polizza assicurativa, un rischio da assicurare; nel contratto di locazione, l'utilizzo di un immobile adibito a uso commerciale od abitativo, mentre nell'eredità si parla di un'universalità di beni, comprensiva anche dei debiti. Al di là comunque delle quote, o aspetto quantitativo, c'è comunque chi è più tutelato dalla legge e chi meno, in ragione del rapporto particolare, detto grado di parentela, o *status* che si crea con il *de cuius*.

Chi, sulla carta, sia per le quote sia per i diritti può ritenersi il più abbiente e il più forte? Senza dubbio il coniuge perché, a prescindere anche da disposizioni testamentarie, è lo *status* che ha diritto alla quota maggiore. Per esempio, in mancanza di legittimari (figli ed ascendenti del coniuge) prenderà tutto, mentre in mancanza di figli, ma in presenza di un fratello o di una sorella, prenderà la quota dei 2/3. Inoltre ha un diritto di abitazione sulla casa familiare e sull'uso degli arredi.

Per fare un esempio, se nel nostro caso Mr. Patrimonio fosse stato proprietario di una casa di oltre 500 mq, e magari solo separato di fatto (ossia senza esserlo formalmente attraverso l'intervento dell'Autorità Giudiziaria, cosa che accade di frequente), il coniuge superstite (Maria) avrebbe avuto la possibilità di tenere gli altri eredi fuori dall'uso di tale immobile, e quindi avrebbe potuto escludere dal godimento i tre figli (Luca, Sara e Andrea), i quali, pur subentrando nella proprietà, non avrebbero potuto utilizzare i locali della casa familiare, né tantomeno gli arredi.

Il coniuge che sopravvive ha infatti un diritto di abitazione (trattasi di diritto reale e non di un diritto personale di godimento come nella convivenza registrata) che esclude gli altri, i quali, se abitanti della casa, potrebbero essere "sfrattati", come la figlia Sara, che ancora vi abitava e che, peraltro era economicamente autosufficiente. Non solo ma, come già anticipato, se titolare di assegno alimentare a seguito di separazione e divorzio, sarà beneficiario di una quota del trattamento di fine rapporto e della pensione di reversibilità, oltre all'assegno successorio in caso di cessazione del matrimonio.

Mi sembra di poter dire, quindi, che il coniuge possa essere qualificato come l'asso piglia tutto. Ma esiste un limite? Esiste qualcosa che possa scalfire questa supremazia? Beh sì, ricordiamoci che esiste qualche possibilità solo attraverso il testamento. Certo, escludere il coniuge significherebbe un'impugnazione piuttosto certa per lesione della quota di riserva, anche se non automatica, ma facoltativa.

Diversamente, il testatore potrebbe ricorrere al legato in sostituzione di legittima, vale a dire la possibilità di creare un'attribuzione che quantitativamente si possa avvicinare alla quota di riserva o legittima ma che, nel contempo, escluda dal novero degli eredi il coniuge stesso, il quale, non rinunciando a questo lascito in suo favore, si vedrebbe tacitato dei propri diritti come erede e preclusa ogni impugnazione. Si tratta di attribuzioni a titolo particolare, perché implicano il lasciare determinati beni ad un soggetto, detto legatario e non erede.

Come stiamo vedendo, l'Ordinamento fa di tutto per tutelare queste categorie di persone, prevedendo, come detto, una tutela meramente quantitativa, mentre si disinteressa della convivenza e di coloro che potrebbero trovarsi in uno stato di bisogno.

Per quanto riguarda la convivente o il convivente, come già anticipato, la L. 76/2016 prevede soltanto un diritto di abitare sulla casa per un massimo di due anni in ragione della durata della convivenza stessa; altri diritti patrimoniali non sono previsti legislativamente ed, oltretutto, tale diritto lo si può far valere solo in caso di registrazione del rapporto all'Ufficio Anagrafe e dello Stato Civile.

L'Ordinamento poi non tutela chi si trova in uno stato di bisogno, salvo in due casi: il primo riguarda l'indennità ex art. 2122 c.c., ossia quando la legge stessa riconosce una quota del trattamento di fine rapporto a chi viveva a carico del *de cuius*, che spetterebbe a determinati soggetti, fino agli affini di 2° grado; qui il bisogno è presunto e il diritto è indisponibile. Il testatore può indicare chi può beneficiarne, ma in mancanza di quei soggetti previsti dalla legge.

Il secondo riguarda la posizione del figlio biologico, ossia il figlio che non può essere riconosciuto. In questi casi, il figlio ha diritto ad un assegno vitalizio sulla quota che gli sarebbe spettata come erede *ex* art. 580 Cod. Civ..

Negli altri casi, gli stati di bisogno possono avere una tutela solo attraverso un testamento, ossia possono essere tutelati solo dal testatore, vale a dire da colui che si prende l'impegno di scrivere come distribuire i propri beni. Ecco quindi che uno strumento efficace potrebbe essere proprio l'istituzione o la previsione del legato di prestazioni periodiche, in cui può rientrare il legato di mantenimento.

Per esempio, l'art. 660 Cod.Civ., prevede il legato di alimenti dove lo stato di bisogno è predeterminato dal testatore ed è quindi diverso dall'obbligo alimentare previsto dalla legge all'art. 437 Cod. Civ. e segg. In quest'ultimo caso, se muore il soggetto tenuto a corrispondere gli alimenti, l'obbligazione si estingue per l'onerato, mentre, se muore l'onerato tenuto a tale impegno per disposizione testamentaria, l'obbligazione non si estingue e passa agli eredi.

Bene, abbiamo visto chi è il più forte e chi è il più debole, chi potenzialmente è considerato il più ricco e chi il più povero. Ciò nonostante, molti pensano che, nella successione, lasciando fare alla legge, non si farà un torto a nessuno dei chiamati all'eredità. Superare questo timore attraverso la redazione di un testamento, permette, in combinata con un'attenta destinazione dei beni in ragione dell'eterogeneità del patrimonio potenzialmente da lasciare, di far scoprire al cliente che si può fare una pianificazione giusta od equa, e ma soprattutto migliore di altre, anche attraverso altri atti che presuppongono un'anticipata attribuzione delle risorse, come vedremo nel prosieguo di questa trattazione.

Nel caso di Mr. Patrimonio, proprio per l'eterogeneità dei cespiti e per la coesistenza delle due famiglie – quella fondata sul matrimonio e quella di fatto – si sarebbe dato vita ad una difficile comproprietà, specie nell'azienda, dove, da un lato, sarebbe rientrato per successione il figlio Luca – oltretutto particolarmente colpito da debiti – e dall'altro lato, si sarebbe escluso completamente Roberto, mentre si sarebbe dato vita ad una comproprietà fra la ex moglie, Maria, e Bianca sugli immobili e sui conti ed ad una ridiscussione delle donazioni fatte a Luca e Sara.

Concludendo, appurata questa potenziale falla del sistema, chi e come può considerarsi il progettista di riferimento in grado di elaborare le architetture patrimoniali più solide e opportune? Chiaramente il testatore, il quale, come nel caso di Mr. Patrimonio, ha poi cercato di tutelare il più possibile la convivente Bianca, del tutto estranea per la legge alla successione, attribuendole le quote degli immobili e conti correnti già in comproprietà, anche perché rientranti come valori nella quota disponibile, vale a dire in quella quota che, in ragione del numero degli eredi e delle quote di riserva riconosciute ai legittimari, il testatore può effettivamente lasciare a chiunque: nel suo caso era di ¼ dell'intero patrimonio.

L'efficacia di tale strumento si riscontra anche nelle modalità piuttosto semplici di predisposizione, poiché per la forma cosiddetta olografa è sufficiente uno scritto autografo, datato e sottoscritto, senza l'intervento di nessuno, se non eventualmente l'osservanza di alcuni accorgimenti fin qui esposti.

RIEPILOGO DEL PARAGRAFO:

- SEGRETO n. 1: escludere laddove possibile la comproprietà di cespiti, specie quelli già oggetto di comunione o comproprietà, perché la successione per legge (ossia senza testamento) aumenterebbe il numero dei comproprietari e conseguentemente le quote di proprietà su tali beni.
- SEGRETO n. 2: in campo successorio, i legittimari hanno particolari diritti in più rispetto ad altri (ad esempio il coniuge), rispetto ad altri soggetti, come il convivente o la convivente, che, in pratica, non ne hanno.
- SEGRETO n. 3: i creditori di un erede possono bloccare la circolazione dell'intero bene caduto in successione, per tutta la

procedura volta alla soddisfazione del credito, nonostante di tale bene siano divenuti comproprietari altri eredi estranei al debito.

- SEGRETO n. 4: il testamento è un atto unilaterale che non richiede accordo con nessuno, è sempre revocabile, può formalizzarsi attraverso un semplice foglio di carta, autografo, datato e sottoscritto, e può dividere i cespiti, seppure entro determinati limiti.

- SEGRETO n. 5: all'interno del testamento, l'istituzione dei legati per quota in sostituzione di legittima o quali beneficiari di prestazioni periodiche, di mantenimento, di alimenti, possono dare vita a quel riequilibrio di posizioni sperequate o non adeguatamente tutelate dalla legge.

3.2. Il possibile boomerang delle donazioni

Anche Mr. Patrimonio aveva fatto donazioni ai figli, come frequentemente i genitori si ritrovano a fare in molte famiglie italiane. Mr.Patrimonio, non solo era stato già destinatario e beneficiario di donazioni del padre, ma lui stesso vi aveva provveduto: in favore del figlio Luca, aiutandolo con denaro per l'avvio della nuova attività e donandogli un monolocale in cui si era trasferito, ed in favore della figlia Sara, attraverso la donazione di una parte della sua quota di partecipazione nella società di famiglia.

Capita molto spesso, anche per usufruire di una particolare agevolazione fiscale, di approdare a questo strumento, ritenuto, peraltro, il contratto più antico della storia. Si dimentica, tuttavia, che questo tipo di contratto implica delle obbligazioni, quale quella principalmente di restituzione, anche se eventuale e/o virtuale, di ciò che si è ricevuto o in natura o per imputazione del suo valore. La donazione è infatti, dal punto di vista della relativa disciplina, posizionata nel Libro Secondo del Codice Civile, dedicato alle successioni, e non già nel Libro Quarto, dedicato ai singoli contratti. Cosa significa? Significa che tutte queste liberalità arrivano al capolinea nel momento del decesso del donante, rimettendo in discussione, il più delle volte, quel tentativo di anticipare o pianificare la successione da parte del donante, soprattutto se in danno di altri soggetti, come il coniuge e gli altri figli, i cosiddetti legittimari.

In fondo, ironia della sorte, anche il padre di Mr. Patrimonio aveva cercato di favorire l'ingresso di uno dei figli nell'azienda, ma a quell'epoca l'errore fu non pensare che, anche in quella situazione, ciò che veniva anticipato al figlio sarebbe poi stato messo in discussione dall'altro, cosa che puntualmente si verificò alla morte del donante.

Non solo, ma non risulta vero che il destinatario di queste liberalità non sia tenuto a delle vere e proprie obbligazioni, essendo il donatario il primo nella graduatoria ad essere obbligato per legge agli alimenti nel caso in cui il donante si dovesse venire a trovare in uno stato di bisogno. L'art. 437 Cod. Civ. prevede, infatti, che il donatario sia tenuto, con precedenza rispetto ad ogni altro obbligato, a prestare gli alimenti al donante, a meno che si tratti di donazione fatta per il matrimonio o rimuneratoria.

Peraltro, occorre fare un primo inquadramento generale a proposito delle donazioni di immobili, anche perché sembra che nell'ultimo periodo siano particolarmente cresciute di numero. Secondo le ultime pubblicazioni, in Italia esistono milioni di beni immobili, intestati per il 90% a persone fisiche (7) e secondo le ultime statistiche Istat, vi sarebbero in circolazione, oltre

2.000.000 di immobili di provenienza donativa. È noto poi quanto sia radicata la cultura della proprietà nel nostro Paese, vista anche la percentuale dei proprietari di case senza mutui pendenti: quasi il 60% del totale (8).

In questo contesto, è poi emerso, sulla base di statistiche pubblicate dal Consiglio del Notariato, che, negli ultimi anni, il 15% degli atti aventi a oggetto il trasferimento di beni immobili in famiglia ha avuto natura di donazione diretta, tanto che ogni anno si stima, vengano donati in famiglia circa 150.000 immobili. Chi ha cercato di individuarne le ragioni, non ci è riuscito, ma sembra che, nella maggior parte dei casi, la donazione degli immobili sia dovuta al timore che il passaggio o trasferimento della proprietà di tali beni nel prossimo futuro possa essere fiscalmente più oneroso, anche per il verosimile aumento delle imposte di successione, già oggetto di progetti di riforma.

C'è anche chi ha sostenuto che molti trasferimenti siano stati motivati, non già dallo spirito liberale, quanto dall'effettivo risparmio fiscale sull'imposizione a titolo di Imu: ad esempio, per le seconde case che, attraverso l'intestazione ai figli che vi andranno ad abitare, diventano prime case e quindi esenti da tale imposta. Effettivamente stiamo già assistendo ad un aumento delle rendite catastali non più riferite al numero dei vani, ma alla superficie dei locali, e ciò potrebbe portare comunque ad un presumibile, per non dire già reale, aumento della base imponibile nei trasferimenti immobiliari.

Queste recenti fonti statistiche, si riferiscono comunque alle sole donazioni dirette, ossia a quelle che risultano da atti ufficiali, come quelli notarili per atto pubblico. Ma esiste anche tutta una percentuale di atti donativi, non di facile accertamento, riferiti alle cosiddette donazioni indirette, ossia quelle che vengono attuate attraverso altri atti. Per fare degli esempi ricorrenti nelle famiglie, l'acquisto del bene immobile da parte del figlio con il denaro corrisposto dal genitore, oppure sempre l'acquisto dell'immobile da parte del figlio con pagamento del mutuo da parte del genitore stesso.

La conferma l'abbiamo, tornando al caso di Mr. Patrimonio, laddove alla figlia Sara era stata donata, in modo formale e diretto, una quota di partecipazione della società, mentre al figlio

Luca era stato donato l'immobile in cui abitava, ma anche denaro finalizzato all'avvio dell'attività. In generale, possiamo affermare che una delle finalità sottese alle donazioni è esclusivamente il risparmio dell'imposta di trasferimento, in quanto si applicano le franchigie previste dal Testo Unico sulle Successioni (L. 346/90 e successive modifiche), quindi un'esenzione fino al valore di euro 1.000.000,00, in favore di ciascun legittimario. A ciò si aggiunga che l'ambito donativo appare particolarmente agevolato per la trasmissione delle partecipazioni societarie, dove si gode di una particolare esenzione sulle quote di controllo (9).

Le donazioni indirette, invece, sono fiscalmente assorbite come tassazione nell'atto che rappresenterà lo strumento o il mezzo per attuarle, come, ad esempio, la compravendita dell'immobile negli esempi sopra richiamati. Se da un lato, quindi, in questi tipi di atti abbiamo una particolare agevolazione fiscale, dall'altro lato il problema è che, quando la donazione ha come oggetto beni immobili, questi possono presentare dei limiti nella futura circolazione del bene, perché possono essere "recuperati" dai legittimari lesi anche nei confronti del terzo acquirente avente causa dal donatario, almeno per quanto riguarda le donazioni diffette (salvo che non siano passati oltre 20 anni dalla donazione stessa).

Nel 2005, con la L. 80/2005 è stato introdotto un limite alla tutela dei legittimari lesi dalla donazione, introducendo il termine ventennale, decorrente dalla trascrizione della donazione, entro il quale il legittimario può esercitare l'azione di riduzione per ottenere la restituzione dei beni donati. Fino allo spirare di tale termine, il bene immobile è recuperato libero da pesi, garanzie ipotecarie ecc., anche se ovviamente il legittimario leso dovrà aver esercitato vittoriosamente l'azione di riduzione, ossia avrà dovuto dimostrare in un giudizio che la donazione ha leso, in tutto o in parte, la sua quota di riserva. A fronte, quindi, dell'incapienza nel patrimonio del donatario, il legittimario leso potrà recuperare il bene nel frattempo venduto a terzi.

Se quindi il bene immobile fosse stato donato soltanto a uno dei figli – nel caso in esame solo a Luca, come in realtà avvenuto – gli altri eredi legittimari, se lesi da questa donazione della propria quota di legittima, ben avrebbero potuto esercitare l'azione di riduzione e riprendersi il bene anche nei confronti di terziacquirenti o aventi causa dal figlio Luca stesso, considerata, peraltro, la sua situazione di difficoltà economica. Per questa ragione, molti compratori, forse quelli più attenti od opportunamente consigliati, non accetterebbero mai di divenire proprietari di tali beni immobili per conseguenti grossi limiti alla loro circolazione ed alla loro commerciabilità.

Peraltro, a riprova della problematica degli immobili di provenienza donativa, la recente giurisprudenza della Cassazione (Cass. 12.12.19 n. 32694) afferma che, nel caso in cui tale provenienza venga taciuta dal promittente venditore al momento della sottoscrizione del preliminare, il promissario acquirente può rifiutare legittimamente la stipula del contratto definitivo, invocando l'eccezione di inadempimento previsto dall'art. 1460 Cod. Civ. È stato affermato che «in tema di preliminare di vendita, la provenienza del bene da donazione, anche se non comporta per sé stesso un pericolo concreto ed attuale di perdita del bene, tale da abilitare il promissario acquirente ad avvalersi del rimedio dell'art. 1481 c.c., è comunque circostanza influente sulla sicurezza, la stabilità e le potenzialità dell'acquisto programmato con il preliminare».

Attenzione, poi, che anche per le donazioni indirette si applica la disciplina dell'azione di riduzione, anche se risulta ormai pacifico che non si applichi l'azione di restituzione nei confronti del terzo acquirente (a partire dalla decisione Cass. Civ. n. 11496/2010).

Accanto a questi limiti o vincoli, esiste poi il problema dell'imputazione e quindi del valore da attribuire a quanto donato ai fini della lesione della quota di riserva. Molti cadono in una trappola, ossia quella di pensare che per le donazioni il valore si cristallizzi al momento in cui tali atti vengono formalizzati, tanto che pensano di aver fatto le cose nel giusto modo, improntate all'uguaglianza, ad esempio, nei confronti dei figli, senza considerare che la rideterminazione dei valori si farà alla data di apertura della successione del donante. Lo stesso Mr. Patrimonio non ricordava questo particolare, nonostante avesse subìto la causa da parte del fratello anche per questa ragione.

Per cui un errore frequente è quello di pensare che, attraverso donazioni dirette e/o indirette, si possa aver improntato tutto all'equilibrio delle liberalità nei confronti dei donatari, non considerando il momento temporale in cui si potranno capitalizzare gli effettivi valori ed il come imputarli in ragione della natura dei cespiti donati.

Ciò significa che, tornando al caso di Mr. Patrimonio, il monolocale donato al figlio Luca andrà considerato con riferimento al valore del bene immobile alla data di apertura della successione, mentre la somma di denaro donata per avviare l'attività sarà valutata per il suo valore nominale, attualizzato sempre alla data di apertura della successione.

Dal canto suo, la quota di partecipazione donata alla figlia Sara, già decisamente e virtualmente di valore superiore rispetto alle altre donazioni, avrà un valore presumibilmente ancora più alto se rapportato alla stessa ipotetica data della morte del donante, con conseguente evidente potenziale squilibrio e pregiudizio, soprattutto per la moglie ed il figlio Andrea, che nulla avevano ricevuto.

Quando ci si accorge dell'esistenza di questi atti, specie dell'esistenza di donazioni indirette, si apre potenzialmente una falla che potrebbe rischiare di far affondare l'"arca", anche perché il più delle volte difficilmente si riescono ad accertare l'entità dei valori, senza considerare che chi non ha ricevuto nulla pensa di aver subìto un torto maggiore di quello effettivo. Oltretutto, le donazioni indirette sono spesso utilizzate nel campo societario, ove ormai da tempo non vi è più la proporzionalità fra diritti proprietari e poteri amministrativi sulle partecipazioni sociali, talchè è più difficile smascherarle.

Di rimedi non ce ne sono molti, nel senso che, laddove possibile, ossia laddove sia ancora in vita il donante, si potrebbe intervenire con un ulteriore contratto risolutivo e risolutorio definito tecnicamente «mutuo dissenso» che, in realtà, non è altro che un nuovo accordo autonomo.

Tuttavia, ciò è possibile finché il bene non è alienato al terzo acquirente perché, a questo punto, abbiamo un altro effetto traslativo non più rimediabile. Occorre poi precisare che, siccome il mutuo dissenso ripristina la situazione precedente con «effetti eliminativi», il mutuo dissenso non determina alcun effetto traslativo. Non comporta quindi un ritrasferimento dell'immobile.

Nel campo societario aziendale, si consiglia, da ultimo, una riqualificazione causale della donazione delle quote in un patto di famiglia, in quanto nel 2006, con la Legge n. 55, è stato introdotto un nuovo contratto che consente al titolare dell'impresa di anticipare il momento del trasferimento dell'azienda o delle partecipazioni sociali ai discendenti, od al discendente, che si siano dimostrati maggiormente idonei alla gestione dell'impresa, tacitando tutti i legittimari non assegnatari attraverso la liquidazione della relativa quota di riserva, ovvero con la loro rinuncia in tutto o in parte.

Se torniamo al caso di Mr. Patrimonio, il figlio Luca avrebbe dovuto risolvere per mutuo dissenso la donazione del monolocale al padre, trasformare la donazione del denaro in un prestito infruttifero, con obbligo di restituzione nel tempo, e la figlia Sara sarebbe dovuta diventare assegnataria delle quote della società, liquidando i fratelli e la madre della loro quota di riserva. Altri rimedi preventivi così efficaci, non esistono, in quanto la rinuncia del legittimario all'azione di riduzione, vale a dire ad agire per riequilibrare le donazioni stesse, è, infatti, nulla se non dopo la morte del donante e non prima.

Recentemente, pare ammessa prima della morte del donante soltanto la rinuncia all'azione di restituzione del bene immobile donato (10), e ciò renderebbe libero il bene da possibili rivendicazioni anche nei confronti del terzo acquirente, ma ciò non esclude od impedisce al legittimario leso di intraprendere delle cause conseguenti alla riduzione della donazione. In questo caso, tuttavia, il bene immobile sarebbe libero da vincoli e riacquisterebbe quella commerciabilità come se non vi fosse la provenienza donativa, ma rimarrebbe in capo all'erede il problema del recupero delle somme per riequilibrare le quote di legge.

La giurisprudenza ha, invero, legittimato il conguaglio fra donatari, in una pronuncia della Cassazione (n. 24291/2015) con la quale è stato affermato che la pattuizione fra donatari, beneficiari entrambi di una donazione sperequata nei valori da parte del genitore, si possano riequilibrare con un atto fra i donatari stessi e tale accordo non integrerebbe un patto successorio. Ebbene, nel caso sottoposto alla Suprema Corte, è stato precisato che l'obbligazione assunta nella scrittura privata da uno dei due donatari nei confronti dell'altro non conteneva alcuna rinuncia ai diritti spettanti sulla futura successione del genitore, non facendosi nessun riferimento al patrimonio ereditario nella sua consistenza alla morte del donante, mentre l'accordo riguardava i beni ricevuti in vita.

Tale interpretazione è stata confermata con altra sentenza della Cass. Civ. (n. 23391/2020), la quale, trattando il medesimo caso della pronuncia appena richiamata, non ha fatto altro che confermare il precedente su espresso. L'argomento, tuttavia, presta il fianco a diverse ulteriori questioni che andrebbero, a mio parere, contestualizzate caso per caso, come per esempio quale natura attribuire a tali conguagli e come considerarli nell'eventuale successiva azione di riduzione.

Non solo, ma un'altra falla che presenta la donazione è il fatto di essere considerata atto a titolo gratuito proprio perché non c'è pagamento del prezzo. Il bene viene trasferito dal donante al donatario senza una contropartita immediata da pagare, ma per spirito di liberalità, ossia per soddisfare la volontà del donante di arricchire il donatario.

In questo contesto, ogni atto donativo è riconducibile agli atti a titolo gratuito, e ciò comporta che tali atti siano facilmente revocabili da parte dei creditori del donante (azione revocatoria ordinaria), poiché è sufficiente dimostrare il pregiudizio che l'atto può arrecare alle ragioni del creditore stesso.

Da ultimo, nel 2015, il D.L. 83 ha introdotto il pignoramento revocatorio, aggiungendo all'art. 2929 c.c. il nuovo 2929 *bis*. Cod. Civ., il quale aiuta il creditore a pignorare il bene donato anche nei confronti del terzo acquirente, purché sia munito di un titolo esecutivo entro l'anno dalla donazione stessa, con ciò mettendo il donatario nelle condizioni di dover far opposizione all'esecuzione forzata, invece di subire l'azione revocatoria.

Cosa significa? Significa, per tornare alla vicenda di Mr. Patrimonio, che se quest'ultimo avesse avuto un creditore alle spalle munito di un titolo esecutivo, ossia con in mano un provvedimento a conferma del suo credito, il bene donato sarebbe stato immediatamente aggredibile con un pignoramento, seppure entro l'anno dalla donazione.

Circoscritti sono poi i rimedi che la legge accorda alla

revocabilità delle donazioni, se non per sopravvenienza di figli o per ingratitudine, esclusa per la donazione rimuneratoria, ossia quella donazione fatta per compensare o riconoscere meriti o servizi fatti o che si è promesso di fare.

In conclusione, il ricorso alle donazioni, nelle sue varie articolazioni, può creare falle sotto diversi profili – che abbiamo fin qui illustrato, seppur sinteticamente – per cui sarebbe opportuno farne un'attenta valutazione preventiva, non solo di natura fiscale, ma soprattutto di natura giuridica, sulla base delle conseguenze che tali tipi di atti possono comportare.

Si consideri infine che, molto spesso, i genitori donano ai figli la nuda proprietà di beni immobili, riservandosi l'usufrutto, ma anche in questa ipotesi dimenticano che la vita media si è allungata, per cui potrebbe anche capitare, sfortunatamente, che il figlio donatario muoia prima del genitore, con la conseguenza che tale asset potrebbe andare a finire al coniuge del figlio (genero o nuora, magari separato) ed ai nipoti, magari minorenni.

RIEPILOGO DEL PARAGRAFO:

- SEGRETO n. 1: alla donazione conseguono comunque delle obbligazioni, essendo un anticipo di successione; in particolare, il donatario è tenuto agli alimenti qualora il donante si venga a trovare in uno stato di bisogno.

- SEGRETO n. 2: le donazioni non sono solo quelle dirette, ossia quelle formalizzate da atto pubblico, ma anche quelle indirette incorporate in altri atti, come la compravendita di un immobile da parte del figlio dietro pagamento del prezzo da parte del genitore, e sono assoggettabili alla stessa regolamentazione sostanziale.

- SEGRETO n. 3: per le donazioni dirette esiste la possibilità dell'erede pretermesso, in tutto o in parte, della sua quota di legittima, di recuperare il bene immobile anche nei confronti del terzo acquirente dal donatario, salvo che siano passati 20 anni dalla donazione stessa.

- SEGRETO n. 4: la donazione non cristallizza il suo valore al momento del suo perfezionamento, ma questo è rimandato al momento dell'apertura della successione, ossia alla morte del donante, per cui è facile che esistano degli squilibri di valore fra più donazioni, che non esistevano al momento della donazione stessa.

- SEGRETO n. 5: nella donazione i criteri di imputazione sono diversi a seconda che si tratti di beni immobili o di altra natura, rispetto, per esempio, al denaro che verrà soltanto attualizzato alla data di apertura della successione stessa.

- SEGRETO n. 6: i rimedi per donazioni fatte prima della morte del donante sono attuabili solo con atti che presuppongono un nuovo accordo fra donante e donatario, come la risoluzione della donazione per mutuo dissenso o, eventualmente, seppur in ambito aziendale, la riqualificazione causale delle donazioni stesse in patto di famiglia, non potendo rinunciarsi all'azione di riduzione se non dopo la morte del donante.

- SEGRETO n. 7: prima della morte del donante, è ammessa soltanto la rinuncia all'azione di restituzione del bene donato, limitata alle donazioni di beni immobili.

- SEGRETO n. 8: la giurisprudenza ammette che i donatari possano pattuire un conguaglio fra le donazioni, anche se tale soluzione andrebbe contestualizzata caso per caso.

- SEGRETO n. 9: la donazione è più facilmente revocabile da parte dei creditori del donante, applicandosi, oltretutto, il pignoramento revocatorio di cui all'art. 2929 *bis* Cod. Civ., di recente introduzione.

- SEGRETO n. 10: esistono altri strumenti, come il patto di famiglia, che permettono di "donare" evitando tutte le falle e le conseguenze suddette, anche se l'istituto è applicabile solo in ambito societario/aziendale.

3.3. Gli stati di incapacità, le procure e le DAT, o testamento biologico

Il tempo stringeva, Mr. Patrimonio voleva sapere cosa si sarebbe potuto fare nell'immediato. Affrontai quindi velocemente il tema delle procure, ossia delle deleghe, quanto meno in azienda, compatibilmente con lo Statuto della società, accennando velocemente alla riforma sull'Amministratore di sostegno, introdotta nel 2004, con la Legge n. 6: si tratta di una formula più snella di tutela per chi si può venire a trovare in uno stato di temporanea o definitiva incapacità, come di lì a poco sarebbe potuto accadere a Mr. Patrimonio per la sua situazione.

Il suo ricovero, verosimilmente in terapia intensiva, poteva protrarsi per diversi giorni e se, come sembrava, Mr. Patrimonio non sarebbe stato in grado di avere contatti con nessuno, né di procedere alla firma di atti o di quanto necessario soprattutto per la gestione dell'azienda, essendo Amministratore Unico di una Srl, si poneva il problema di predisporre delle deleghe immediate. Tuttavia l'amministrazione di sostegno è, in generale, una tutela limitata a garantire un'amministrazione di supporto, non uno strumento in grado di sostituire *in toto,* personalità/capacità e/o tenore di vita.

Il rischio di essere ricoverato, forse perfino di lì a poche ore, giocò un ruolo fondamentale nel descrivere la sua preoccupazione. Non aveva altra via che affidare più poteri possibili alla figlia, tutelare la convivente al cospetto delle garanzie e diritti riconosciuti alla moglie (non ancora ex), pensando anche all'altro figlio, Luca, che in quel periodo aveva bisogno di aiuto nella gestione della nuova impresa, e comunque predisporre una nuova soluzione per il figlio Andrea, ancora troppo giovane per essere inserito in azienda.

In generale, è frequente in famiglia che i genitori (anziani) conferiscano al figlio o ai figli una procura atta a compiere atti di acquisto e vendita di propri beni, nonché per la loro gestione, soprattutto di immobili, a volte anche solo per utilità pratiche (ad esempio per evitare gli spostamenti per partecipare ai relativi atti notarili). Come è noto, tuttavia, la procura non è altro che un atto con il quale il mandante o rappresentato (nell'esempio il genitore) conferisce delega al mandatario o rappresentante (nell'esempio figlio o i figli) di compiere uno o più atti giuridici per conto del mandante o rappresentato.

La procura può essere generale, quando attiene a più atti o affari, ovvero speciale, quando attiene ad un determinato o specifico atto o affare. Non è necessaria (anche se opportuna) la forma scritta, salvo che l'atto da compiere, ad esempio, la compravendita di un immobile, non richieda, appunto, la forma scritta.

L'opportunità di tale strumento è quello di delegare i poteri contrattuali ad un terzo, ma anche quello di decidere, fin da subito, ora per allora, l'opportunità di far compiere atti dispositivi del proprio patrimonio o di trasferimento, formalizzando in anticipo una volontà, da manifestarsi in futuro, nei limiti di efficacia della procura stessa. La procura, infatti, si estingue non solo con la rinuncia da parte del mandatario o rappresentante, ma anche per revoca o per morte del mandante o rappresentato.

Quelli appena richiamati sono i casi classici di estinzione, ma molto spesso può accadere che il mandante diventi incapace, seppure temporaneamente, come sarebbe potuto accadere a Mr. Patrimonio, (seppure, anch'egli, temporaneamente). Quali sono, quindi, le sorti della procura in caso di incapacità? La norma che disciplina tale evenienza è l'art. 1722 c.c., che al n. 4 prevede espressamente l'estinzione del mandato per il sopraggiungere di una pronuncia di interdizione o inabilitazione per cui si rende necessaria la nomina di un tutore o curatore che tuteli l'interdetto o inabilitato. Nulla è precisato dalla norma per quei casi meno gravi, ove allo stato di incapacità consegua la nomina di un amministratore di sostegno.

Casi di questo tipo possono verificarsi quando il grado di infermità si riferisce ad una menomazione fisica o psichica per cui la persona non è idonea a provvedere, anche temporaneamente, ai propri interessi. Per quest'ultima fattispecie, la giurisprudenza ha evidenziato orientamenti contrapposti, mentre, da ultimo, il

Tribunale di Novara, (con un decreto del 4.8.2016) è approdato a una soluzione che avvalora l'orientamento più rigoroso, concludendo per l'estinzione implicita della procura.

Nell'affermare, infatti, che deve ritenersi giuridicamente ammissibile la nomina di un amministratore di sostegno di colui che si è precedentemente occupato dell'amministrando in forza di una procura volontaria e generale, non fa altro implicitamente che affermare l'estinzione della procura anticipata e l'opportunità di dare seguito alla fiducia riposta in precedenza dal mandante o rappresentato, al nominato mandatario o rappresentante.

In conclusione, se da un lato, sottesa ad una procura in tempi di piena capacità, esiste un'evidente fiducia da parte del mandante o rappresentato (esempio del genitore) verso un mandatario o rappresentante (esempio del figlio o dei figli), dall'altro lato, questa stessa fiducia, può essere valutata ai fini della nomina ad amministratore di sostegno, in modo da istituzionalizzarsi la nomina del precedente procuratore.

L'argomento è tuttavia molto più vasto, e certo è che, nel caso di

Mr. Patrimonio, si è adottata velocissimamente una procura speciale alla figlia Sara per determinati atti, ma il tema non è di scarsa importanza, in quanto la persona sottoposta ad amministrazione di sostegno sarà certamente rappresentata, ma le decisioni di merito che riguarderanno atti dispositivi o di amministrazione straordinaria dei propri beni, saranno prese con l'autorizzazione del Giudice Tutelare.

Ecco quindi che anche tutta questa parte sarebbe opportuno fosse preventivamente regolamentata, un po' come avviene in parallelo per la gestione delle Disposizioni Anticipate di Trattamento, denominate DAT o testamento biologico. Non era certo il momento di parlare con Mr. Patrimonio di questo argomento, ma un accenno andava fatto affinché capisse la portata dell'intervento legislativo del 2017.

Com'è noto, la Legge 219/2017 (dal titolo "Norme in materia di consenso informato e di Disposizioni Anticipate di Trattamento") ha introdotto la cosiddetta Legge sul Testamento Biologico o Biotestamento, che regola la facoltà per ogni persona di adottare delle decisioni anticipate rispetto ad uno stato di incapacità di intendere e volere, circa i trattamenti sanitari ai quali, ora per allora, voglia esprimere il proprio dissenso, come terapie indesiderate o ritenute inutili.

Tutto è improntato alla necessità di ottenere il consenso libero e scritto, oltre che informato con riferimento ai trattamenti sanitari, documentabile, anche attraverso videoregistrazioni o, per le persone con disabilità, attraverso dispositivi che consentano loro di comunicare. Le dichiarazioni di volontà possono essere raccolte per atto pubblico, oppure con scrittura privata autenticata consegnata personalmente presso l'Ufficio dello Stato Civile del Comune di residenza, che provvede all'annotazione in apposito registro.

In parallelo con il testamento, anche le DAT sono modificabili e revocabili in ogni momento con le medesime forme previste per la loro raccolta. Tuttavia, in caso di urgenza o di emergenza, possono essere revocate anche mediante una dichiarazione verbale raccolta o videoregistrata da un medico alla presenza di due testimoni. Particolarmente interessante è l'istituzione, facoltativa, e quindi non obbligatoria, di nominare una persona di fiducia (c.d. fiduciario) che faccia le veci e rappresenti, ora per allora, nelle relazioni con il medico e con le strutture sanitarie.

Lo spunto di questa recente normativa non è di poco conto, perchè sottende ad una esigenza molto sentita, anche perché si potrebbe, in parallelo e nei limiti di compatibilità con il nostro Ordinamento, sperare di pervenire a una sorta di "DAP", ossia "disposizioni anticipate patrimoniali", che possano regolare, ora per allora, il come vivere lo stato di incapacità destinando, in tutto o in parte, delle risorse a questo scopo.

Oggi si potrebbe considerare questa costruzione come un efficace completamento di un'ipotetica architettura patrimoniale, ferme le garanzie di legge. Questa forma di autotutela potrebbe essere sviluppata attraverso l'istituzione di un *trust* di scopo, ossia attraverso una struttura che permetta al fiduciario, denominato *trustee*, di seguire le istruzioni su come gestire il patrimonio, in tutto o in parte, immediatamente destinato a tale finalità.

Anche questa strategia potrebbe essere valutata come un'ottima pianificazione per riuscire a decidere, da subito, come voler vivere (luogo/assistenza ecc.) e come dovrebbero essere destinate le proprie risorse in caso di eventuali stati di incapacità, anche temporanei. Questa esigenza sarà sempre più sentita nel prossimo futuro perché, come detto, la durata della vita si allunga e, con l'avanzare dell'età, potrebbe essere efficace poter evitare, anche limitatamente ad una parte del patrimonio, che altri decidano come impiegare le somme per te, ferme restando le garanzie di legge come la figura dell'amministratore di sostegno ed il ruolo del Giudice Tutelare.

Anche in questa prospettiva, sicuramente esiste un potere di scelta e tutto ciò risponde ad un principio di libertà di autodeterminarsi e/o autoregolamentarsi.

RIEPILOGO DEL PARAGRAFO:

- SEGRETO n. 1: le procure, generali o speciali, permettono di delegare operazioni con riferimento non solo alla gestione, ma anche al trasferimento di beni, dando al delegato i relativi poteri di compierle, fino a quando non interviene rinuncia o morte del delegante.

- SEGRETO n. 2: l'amministrazione di sostegno è una forma di tutela che interviene in caso di incapacità non grave, comportando la possibile estinzione delle eventuali procure, estinzione che pacificamente interviene nei casi di incapacità più grave, quali l'inabilitazione e interdizione.

- SEGRETO n. 3: le DAT, Disposizioni Anticipate di Trattamento, permettono di adottare delle decisioni anticipate rispetto ad uno stato di incapacità, circa i trattamenti sanitari ai quali, ora per allora, si voglia esprimere il proprio dissenso come terapie indesiderate o ritenute inutili; è possibile anche la nomina di un fiduciario.
- SEGRETO n. 4: in parallelo, si potrebbe esplorare lo sviluppo di una sorta di "disposizioni anticipate patrimoniali", o "DAP" che possano regolare, ora per allora, il come vivere un eventuale stato di incapacità destinando, in tutto o in parte, delle risorse a questa finalità.
- SEGRETO n. 5: a questo fine, il *trust* di scopo potrebbe essere un ottimo strumento di programmazione e tutela degli interessi in gioco.

3.4. L'eredità digitale

Il concetto di eredità digitale non sembra ancora chiarito. Certo è che, anche nel caso di Mr. Patrimonio, la problematica esisteva, come oggi esiste per ognuno di noi. Mr. Patrimonio, infatti, accanto all'azienda di famiglia aveva dato vita ad una produzione, inizialmente per hobby, di video e foto digitali, peraltro diffusi su diversi canali social, fra cui Istagram, Facebook e LinkedIn, da cui poi si era sviluppata una vera e propria web agency sotto forma di ditta individuale.

Se da un lato, appare fin troppo evidente che, quando ci si riferisce ad un'eredità, si allude all'automatico trasferimento di beni, ma anche di rapporti giuridici/contrattuali conseguenti al decesso di una persona, quando ci si riferisce all'identità digitale, si ricomprendono aspetti che implicano una disamina che deve essere molto più attenta ed articolata. In prima approssimazione, se, infatti, appare chiaro che anche nel mondo digitale tutto è riconducibile a contratti astrattamente trasmissibili per successione, non tutti i diritti che nascono da tali rapporti, tuttavia, possono essere trasferiti, come, ad esempio, quelli personali riferiti a dati, immagini, condivisioni di contenuti, post, foto, video ecc.

Questo tipo di dati integra, in realtà, l'identità digitale che ognuno di noi possiede, per via dei nostri dati personali sul web, le nostre foto, la nostra immagine nelle relazioni, contatti, condivisioni di contenuti, post, video, messaggi, anche e soprattutto sui vari social network e, più in generale, sul web. Altro è invece il patrimonio digitale, ossia edocuments, ebook, dischetti, supporti digitali, Bitcoin ed, in generale, gli account, anche di investimento. Cosa accade a questi asset in caso di decesso del suo titolare?

Per quanto riguarda i dati personali sul web, la nostra immagine nelle relazioni, contatti, condivisioni di contenuti, post, video, messaggi ecc., che potremo raggruppare nella categoria più ampia dell'identità digitale, occorre far riferimento all'art. 27 del GDPR 679/2019, il quale esclude espressamente l'applicazione del Regolamento Europeo ai dati personali delle persone decedute, anche per il trattamento ai fini di archiviazione o di ricerca storica.

La normativa nazionale, attraverso il D.Lgs. 101/2018, ha tuttavia introdotto l'art. 2 *terdecies*, comma 1, il quale ha modificato l'art. 9 del Codice di Protezione dei Dati Personali, disponendo che i diritti di cui agli artt. 15 a 22 del Regolamento, riferiti ai dati personali di persone decedute possono essere esercitati «*da chi ha un interesse proprio, o agisce a tutela dell'interessato, in qualità di suo mandatario, o per ragioni familiari meritevoli di protezione*». Al comma 2 si offre, comunque, la facoltà al titolare di porre un veto, ovvero vietare l'esercizio di tali diritti, ma tale volontà deve risultare in modo non equivoco e deve essere specifica, libera e informata.

Interpretativamente, si può ritenere che queste disposizioni escludono la trasmissibilità automatica di tali dati, non potendo quindi formare oggetto di successione/eredità, ma possono però essere trattati da chi abbia un interesse proprio, quindi individuale o familiare meritevole di protezione, come, per esempio, la tutela del nome, dell'immagine e della reputazione. Si tratta di una tutela successiva e particolare della privacy, data a chi, peraltro, può subire un pregiudizio dal trattamento del nome o dell'immagine del *de cuius*.

La dottrina sul punto, ed in particolare il Consiglio Nazionale del Notariato, ha individuato nell'istituto del mandato *post mortem* lo strumento più idoneo a trasmettere le indicazioni su come regolamentare la propria identità digitale, non avendo tale mandato contenuto patrimoniale ed essendo quindi assolutamente legittimo e compatibile con il nostro Ordinamento, in quanto non in contrasto con il divieto dei patti successori. Ciò significa che, se qualcuno ha interesse alla tutela della propria identità digitale, la legge non supplisce o lo aiuta in automatico, come nel caso della successione per legge, ma il titolare del diritto deve ricorrere ad una precisa regolamentazione attraverso un atto tra vivi che preveda un mandato da conferire ad altri sull'utilizzo di tutti questi dati personali-digitali.

Peraltro, è stato giustamente osservato che, ricomprendere nel testamento anche questo tipo di disposizioni sarebbe da sconsigliare, perché menzionare in atti formali e destinati ad essere pubblici, passwords, profili, credenziali d'accesso, immagini, foto ecc., significherebbe renderli pubblici, per esempio, nel momento della pubblicazione del testamento stesso. Certo, in questa ipotesi potrebbe essere suggerita la figura dell'esecutore testamentario, quale incaricato di procedere al trattamento di questi dati, con ciò evidentemente per tenere riservate determinate informazioni, ma certo è che, se si gestisse il tutto con un mandato, sarebbe un'ottimizzazione più efficace, oltre che molto più riservata.

Per fare un esempio concreto, Facebook, fra i social network più seguiti, ha regolamentato tali aspetti chiedendo già nella fase iniziale di apertura del profilo di scegliere le sorti dell'account per il tempo in cui il suo titolare avrà cessato di vivere. Evidentemente non può ritenersi un testamento, ancorché dell'identità digitale, ma tecnicamente può ritenersi un atto di ultima volontà, in quanto richiede al titolare dell'account, da subito o nel corso del rapporto, di regolamentare i propri contenuti, o l'intero profilo, per il tempo successivo al decesso, consentendo a quest'ultimo di disporne l'eliminazione permanente, ovvero la loro pubblicazione a titolo commemorativo, escludendone l'utilizzabilità in mancanza di una tale preventiva disposizione.

Chi abbia quindi scelto la conservazione, anche solo commemorativa, dell'account, può nominare il cosiddetto "contatto erede", il quale potrà scrivere post, rispondere alle nuove richieste di amicizia, aggiornare l'immagine di copertina, ma non potrà modificare i contenuti già esistenti. Diversamente il tutto verrà bloccato.

Non si tratterebbe, come detto, di un testamento perché ne difetterebbe il requisito della forma, e comunque perché non sarebbero trasmesse al designato le stesse credenziali del *de cuius*, ma ne verrebbero consegnate altre nuove che permetterebbero l'uso del precedente account. Non si tratterebbe nemmeno di un mandato *post mortem*, perché ne difetterebbe l'accordo con il mandatario. Si potrebbe quindi approdare all'istituto degli atti di ultima volontà, ossia a quegli atti che, proprio perché non rivestono un contenuto patrimoniale, non contrastano con il divieto dei patti successori e sono ammissibili ed efficaci come mere volontà unilaterali con effetti *post mortem*, senza dover rispettare i requisiti di forma, come quelli previsti dal testamento, ovvero requisiti di sostanza, come il raggiungimento di un accordo, come richiesto nel contratto di mandato.

Diverso discorso, invece, occorre fare per il cosiddetto Patrimonio digitale, ossia per tutto ciò che assume la configurazione digitale ma che non rientra nei dati personali, come ebook, supporti fisici, PC, chiavette, CD, che si trovino nella piena disponibilità del *de cuius*, i quali non sono altro che beni materiali, come pure i contratti ad essi relativi, i quali regolano rapporti di servizi via web, conti online, carte di credito, Bitcoin ecc., dal chiaro contenuto patrimoniale e non personale e quindi trasmissibili automaticamente come eredità digitale.

Anche questi aspetti sono stati affrontati nel caso di Mr. Patrimonio, tanto che si è optato per un mandato articolato ad una persona di fiducia che già collaborava con i clienti e che quindi avrebbe potuto dare continuità a quanto creato dal titolare di tali dati, non solo in ambito professionale, ma anche privato.

RIEPILOGO DEL PARAGRAFO:

- SEGRETO n. 1: l'identità digitale comprende i dati personali, le nostre foto, la nostra immagine nelle relazioni, i contenuti in rete.
- SEGRETO n. 2: il patrimonio digitale comprende edocument, ebook, dischetti, supporti digitali, Bitcoin, ed, in generale, gli account, anche di investimento.

- SEGRETO n. 3: la regolamentazione è diversa:

  a) per l'identità digitale il tutto è regolato dalla normativa sulla privacy, la quale presuppone una regolamentazione preventiva su chi potrà accedere all'utilizzo di tali dati;

  b) per il patrimonio digitale valgono le regole ordinarie previste per gli altri beni.

- SEGRETO n. 4: Facebook, per esempio, ha regolamentato la possibilità di affidare l'identità digitale ad altri soggetti diversi dal titolare, attraverso la nomina del "contatto erede", il quale potrà scrivere post, rispondere alle nuove richieste di amicizia, aggiornare l'immagine di copertina, ma non potrà modificare i contenuti già esistenti.

- SEGRETO n. 5: in generale, per l'identità digitale si potrebbe pensare di utilizzare l'istituto degli atti di ultima volontà, ossia atti unilaterali che, non avendo contenuto patrimoniale, non contrastano con il divieto dei patti successori.

3.5. Come fare le prove di tenuta: chi deve essere coinvolto nel percorso, la situazione di partenza e quella di arrivo

Con Mr. Patrimonio, poi, ci siamo rivisti dal vivo, una volta guarito dalla malattia, forti entrambi della motivazione di occuparci una volta per tutte, ed anche velocemente, dell'intera posizione. In quel caso, l'esperienza del Covid-19 aveva agevolato paradossalmente la necessità e l'urgenza di un'attenta pianificazione.

Se quella situazione avesse avuto l'epilogo peggiore, Mr. Patrimonio non avrebbe pianificato nulla ed i figli si sarebbero trovati ad affrontare gli stessi contenziosi vissuti dal padre e dallo zio, con l'aggravante della possibile maggiore conflittualità, apparentemente inesistente, fra le due famiglie, quella legittima e quella di fatto. Non solo, a tutto questo avrebbero preso parte anche la "ex moglie", la convivente, per effetto di una già preesistente comproprietà, ed il figlio di quest'ultima.

La stessa sorte si sarebbe sicuramente presentata, a prescindere dal pericolo Covid-19, in un prossimo futuro, perché anche Mr. Patrimonio era caduto nella trappola di affidarsi alla legge per la successione non pensando alla redazione di un testamento; era anche lui caduto nella trappola delle donazioni, non aveva chiaro il ruolo, i diritti ed i poteri anche della "ex moglie", non era al corrente dell'inesistenza dei diritti della convivente, specie in campo successorio, e non sapeva come altri avrebbero potuto gestire l'identità digitale.

Chissà perché i film con epiloghi negativi tendono a riprodursi come degli schemi puntuali e ripetitivi. In altri casi, generalmente i più, il pericolo non si avverte, per cui trovare la motivazione per occuparsi di queste cose è difficile da far emergere e vivere. E dire che, in questa materia, l'esempio di Mr. Patrimonio spiega come alla base di tutto regni, da un lato, la mancanza di consapevolezza dei limiti/tutele dell'Ordinamento e, dall'altro, un po' di confusione, di smarrimento, nel senso che si pensa di aver fatto i passi giusti, senza aver fatto dapprima chiarezza sui valori da salvaguardare, sugli obiettivi da perseguire e sugli ostacoli esistenti o che si potrebbero presentare.

È chiaro a tutti che, se il perché è forte, si è molto più concentrati e si dedica la massima attenzione a quello che si andrà a dire e fare. Se il perché è forte, vuol dire che il cliente, come Mr. Patrimonio, anche senza l'emergere di un problema grave e improvviso, ti aiuterà nel viaggio/percorso, nella scalata fino alla vetta, si impegnerà a dare il suo contributo per raggiungere la più desiderata e corretta pianificazione. La pigrizia ed il pensare che sia tutto facile oppure che esista la bacchetta magica in situazioni nelle quali si vuole realizzare una solida architettura patrimoniale, portano fuori strada completamente e rischiano di rendere la programmazione ancora più difficile.

Molto spesso il desiderio di risolvere velocemente un problema lo si confonde con la motivazione di superarlo, la quale presuppone i motivi dell'azione e della sua esecuzione così da eliminare dapprima tutte le soluzioni fallimentari. Se il perché è forte, il cliente ed il consulente troveranno i valori, gli obiettivi in cui credere e tutto ciò permetterà magari di far fare quel *click*, "ottenendo molto, mettendo poco", scoprendo come riuscire a seguire il progetto del cambiamento. Il cliente è pronto a fare, a mettere in pratica, non è pronto a seguire le teorie.

Una conferma viene dal fatto che noi tutti accantoniamo le cose astratte perché mancano della contestualizzazione con l'esperienza, perché non sono misurabili, non sono tangibili. E poi è facile sopravvalutare ciò che sappiamo, mentre tendiamo ad escludere ciò che non sappiamo perché ci può mettere in discussione. Se stiamo il più possibile sulla questione tecnica che ci viene sottoposta, cercheremo subito di approdare a ciò che conosciamo, le nostre competenze tecniche, almeno nella prima fase, perdendo una parte determinante dell'analisi della situazione specifica che ci permette di entrare nel mondo del cliente.

In quale direzione e chi dobbiamo coinvolgere per progettare una corretta pianificazione patrimoniale? Beh, per direzione, significa capire il contesto in cui, nel nostro caso, si trovava Mr. Patrimonio, *ante* o *post* problema Covid-19, e di lì proiettarsi nel futuro, in quella realtà da lui desiderata. Ma prima occorrerà focalizzare i suoi valori che, nel caso di Mr. Patrimonio, erano principalmente l'uguaglianza tra i figli, la tutela della nuova compagna, la continuità dell'azienda, frutto di enormi sacrifici, prima del padre e poi suoi. In generale, come valore assoluto c'era la serenità propria e delle sue due famiglie.

Quindi le proiezioni dei *desiderata* dovevano tenere conto di questi valori. In negativo, si doveva evitare che si riproponesse il passato da lui vissuto, vale a dire l'innesco di uno o più contenziosi. In positivo, occorreva ideare una banca dati contenente fatti non ancora accaduti, per aumentare il quadro e la forma di tutela. Nel coaching si usano le domande potenti, come, ad esempio, quelle che permettono al cliente di capire cosa gli sta sfuggendo in quel momento, per guidarlo ad essere sempre più efficace con sé stesso e con gli altri.

Le risposte che verranno date saranno determinanti, perché sarà su quelle sue opinioni che il cliente dovrà riporre la massima fiducia. Il punto è che, se non raggiungi chiarezza anche nel mondo degli assetti patrimoniali, difficilmente avrai precisione di azione. Non occorre essere un mentore per comprendere che "i fatti accadono" e che più ne ipotizziamo, più l'architettura patrimoniale sarà solida.

Mr. Patrimonio, una volta superato il pericolo contingente, non avrebbe avuto la possibilità di recuperare certe scelte, magari fatte dal figlio Luca, tuttavia poteva proiettarsi verso quello che, in concreto, voleva ottenere da tutta questa situazione. Oramai ripensare al perché si fosse ritrovato in quel frangente non aveva più senso esplorarlo, verificarlo. La domanda quindi, posti i valori da perseguire, era come si sarebbero potuti salvaguardare e, prima ancora, con quali azioni. L'obiettivo soggettivo e personale, in realtà, si era trasformato in un obiettivo collettivo collocato in un periodo temporale ben determinato, altrimenti si sarebbe rischiato l'epilogo della storia del padre, ossia subire gli eventi riponendo speranza nell'altrui arbitrio.

Chi avremmo dovuto coinvolgere quindi? Beh, con il consenso di Mr. Patrimonio, peraltro ottenuto da subito nei successivi incontri post-Covid, ebbi l'autorizzazione a coinvolgere quantomeno tutti i componenti della prima famiglia, e la compagna, anche se portatori di interessi apparentemente non ancora allineati fra loro, specie nel rapporto con la "ex moglie", che giustamente si fece rappresentare da un suo consulente.

Mr. Patrimonio, come cliente tipo ricorrente, di solito si presenta ancora molto attivo, influente nelle decisioni perchè comandante della sua impresa; spesso, tuttavia, a livello personale, si considera più effetto del problema, che causa dello stesso. Il cruccio che alla fine aveva Mr. Patrimonio, come comunque accade, era quello di non essere riuscito a coinvolgere Luca nell'azienda; vi aveva rinunciato al primo tentativo, concludendo che probabilmente il figlio non era motivato, che non era comunque portato per quel tipo di attività. La conclusione alla quale era pervenuto, tuttavia, non era in linea con la realtà, visto che il figlio si era messo in proprio avviando un'azienda non tanto distante dal settore merceologico dell'attività del padre.

Probabilmente Mr. Patrimonio non aveva fatto quel passo verso il figlio, non si era impegnato più di tanto, e peraltro anche il figlio, da parte sua, aveva rinunciato a quella opportunità. Non essendo più attuale quel problema, salvo per i risvolti giuridici, il punto di partenza si spostava sul come regolare la permanenza in azienda degli altri figli ed il rapporto con la sua posizione di Amministratore Unico.

Molto spesso fra generazioni si crea un po' di competizione. I figli se ne vanno di casa – si veda l'esempio del figlio Luca – e a volte assumono incarichi in aziende concorrenti perché non trovano adeguato spazio all'interno dell'azienda di famiglia, sostenendo di essere sminuiti o non adeguatamente considerati dalla categoria dei senior, mentre questi ultimi ritengono che la categoria degli junior abbia un atteggiamento, troppo ambizioso, spesso arrogante.

In questi casi, può essere di aiuto il ricorso alla tecnica di problem solving, riassunta nel "come se", ossia ipotizzare lo scenario futuro, oltre il problema, e di cui si dirà nel prossimo capitolo. Ciò permette di lasciare la percepita competizione interna per la collaborazione, proprio perché si va ad inquadrare una nuova realtà, che dimentica ed, automaticamente, risolve il problema.

Occorreva quindi, nel rapporto padre-figli/fratellastri, un po' più di attenzione reciproca, ripercorsa attraverso l'emersione dei valori, degli obiettivi, che certo non erano quelli di porsi in competizione gli uni con gli altri, senior-junior. Ognuno vive il suo tempo portando con sé soluzioni di successo ma, proprio perché di successo, sono soluzioni passate o collocate in realtà diverse, dai valori agli obiettivi di vita, al modo di atteggiarsi, di comportarsi.

A livello professionale mi era già capitata questa tipologia di fattispecie. Ricordo che il titolare, fondatore dell'azienda, a fronte della scarsa fiducia nei propri due figli, già da diverso tempo entrati in azienda, cercava, il più delle volte, di posticipare la propria uscita di scena, anche per non voler privilegiare un figlio rispetto all'altro, con conseguenze particolarmente delicate sul piano familiare, prima ancora che aziendale.

In quel periodo, quasi fosse una coincidenza, stavo raccogliendo il materiale per redigere l'inserto per una Rivista giuridica, *Il Civilista* (11), nel quale affrontare l'efficacia degli strumenti giuridici deputati a salvaguardare il passaggio generazionale, e ricordo di essere arrivato ad una conclusione, forse troppo tecnica, perché ispirata dal difendere solo gli interessi dell'imprenditore. Tale approfondimento, soprattutto in coincidenza del caso che avrei dovuto seguire, mi pose il primo fra gli interrogativi al quale dare la priorità di risposta: riuscirà il cliente a capire quale interesse tutelare? Quello proprio dell'imprenditore, quello dell'azienda, quello di entrambi od addirittura quello di tutti i soggetti potenzialmente coinvolti nel processo di avvicendamento nell'azienda?

Mi sono accorto, soprattutto *a posteriori*, che, seppure con il preventivo consenso del cliente, si sarebbe potuto esplorare una soluzione condivisa da tutti, ma in quell'occasione non lo proposi, procedendo quindi con il classico approccio avversariale. Ricordo infatti di aver difeso, in quell'approfondimento tecnico, ed inconsciamente, le volontà dell'imprenditore, ritenendole effetto e non possibile causa nell'avvicendamento dell'azienda. In conclusione, consigliai solo il *trust* di partecipazioni sociali, al cospetto di altri strumenti giuridici, a partire dal patto di famiglia, con ciò offrendo al cliente il mezzo più idoneo a programmare in modo unilaterale, ossia senza dover raggiungere accordi con nessuno, la governance dell'azienda, senza possibili interferenze dei figli o degli altri soggetti potenzialmente coinvolti nel processo di avvicendamento nella guida dell'azienda.

In altre parole, in fondo stavo dando all'imprenditore ciò che mi aveva chiesto, ossia un *assist* incredibile per mantenere nel tempo la governance della sua azienda, anche oltre la sua vita, relegando i figli a spettatori delle sorti di un'azienda guidata da altri. Ma questo era il modo corretto di affrontare la questione? Certamente sì se il cliente era e doveva rimanere l'imprenditore, certamente no se il cliente, necessariamente con il suo assenso, doveva essere l'impresa o, addirittura, la famiglia e tutti i soggetti coinvolti in tale processo, anche perché, diversamente, qualsiasi soluzione avrebbe rischiato di non tenere nel tempo.

A quel punto, in modo molto esplicito, proprio alla luce dei valori dichiarati da Mr. Patrimonio e conseguenti azioni, ho chiarito con lui chi dovesse essere il cliente finale, ho voluto definire chi fossero i soggetti da tutelare, approdando alla prima leva o molla per cambiare da subito le prospettive di approccio. Ma stare sul cliente significa saper fare le domande giuste, scoprire la sua storia, le sue aspettative e le sue paure, quindi è iniziata la vera e propria sessione in cui il protagonista era proprio lui, Mr. Patrimonio, e poi tutti gli altri, nell'ottica di un allineamento di vedute, prima ancora che di azioni.

Ciò a dire che, approfondendo i vari particolari, scavando sulle ragioni che tenevano frenata, anche per ragioni di età, la fiducia da riporre nei figli, si è scoperto che il castello delle sue percezioni, delle sue convinzioni, non reggeva, non aveva basi solide, andava verificato. Si è scoperto che la figlia Sara aveva tutt'altre aspettative e che, in realtà, lavorava nell'amministrazione dell'azienda solo per compiacere il padre, mentre l'altro figlio, Andrea, e con lui anche Roberto, il figlio della compagna, avrebbero dovuto essere ricollocati all'interno dell'organigramma aziendale, con diverse mansioni, più rispondenti alle loro effettive inclinazioni professionali.

La verifica fatta è stata un po' come demolire i pilastri che reggevano il tavolo/verità che Mr. Patrimonio si era costruito e questa indagine poteva giungere al termine soltanto capendo quale era il percepito degli altri soggetti coinvolti. Delineato il quadro iniziale, con le opportune verifiche, e la nuova realtà alla quale approdare, è stato più facile partire verso una nuova *confort-zone*, la quale, come in un incantesimo, è diventata un nuovo punto di arrivo e di partenza nello stesso tempo.

La bacchetta magica in questi casi non esiste, ma solo ripensando a posteriori agli ostacoli che Mr. Patrimonio soprapponeva al raggiungimento della nuova realtà, emergeva chiaramente in lui un atteggiamento conservativo, accentratore, a torto o a ragione, dei poteri più che un'asserita incapacità dei figli. È emersa una sua impreparazione a crescere nel ruolo da lui prospettato di supervisore, visto che la figlia Sara era già nella condizione di affiancarlo, invece di occuparsi solo dell'amministrazione.

I primi ostacoli nella partenza del percorso sono quelli che non ti fanno vedere il più oggettivamente possibile la situazione inziale e quella necessariamente di arrivo. In questo modo, valori come continuità aziendale, sinergia generazionale, uguaglianza negli affetti, collaborazione, abilità, non concorrenza interna ecc. permettono di generare delle regole di azione che possono fare la differenza, per poi ricredersi sulle convinzioni personali, azzerando le false credenze, soprattutto legali, quali quelle sull'efficacia della successione per legge, l'efficacia delle donazioni, la non risolutiva gestione degli stati di incapacità, la vera natura del mondo digitale, distinguendo l'identità dal patrimonio.

RIEPILOGO DEL PARAGRAFO:

- SEGRETO n. 1: la motivazione che spinge a costruire l'"arca" permetterà di scoprire i valori, gli obiettivi in cui credere, facendo scattare quel *click*, "ottenendo molto, mettendo poco" e definendo il come riuscire a seguire il progetto del cambiamento.

- SEGRETO n. 2: nel coaching si usano le domande potenti, come, ad esempio, quelle che permettono al cliente di capire cosa gli stia sfuggendo in quel momento, per guidarlo ad essere sempre più efficace con sé stesso e con gli altri, chiarendo così la situazione di partenza e quella di arrivo, anche da un punto di vista patrimoniale, superando le false credenze, anche legali.

- SEGRETO n. 3: il processo deve tendenzialmente rendere partecipi tutti i soggetti coinvolti nella nuova architettura patrimoniale, affinché le soluzioni giuridiche fiscali proposte e condivise possano offrire a tutti la più efficace tutela nel tempo.

Capitolo 4:
La tecnologia costruttiva

4.1. L'aiuto preliminare offerto dal problem solving strategico

Nel corso della mia attività professionale ho seguito diversi contenziosi, soprattutto in materia ereditaria. Riunire le principali criticità che si sarebbero andate a neutralizzare nei vari procedimenti, partendo dalle richieste e dalle conclusioni o, in generale, dalle soluzioni che si sarebbero chieste alla giustizia, è stato di stimolo per capire quali strumenti adottare per evitare di venirsi a trovare in queste situazioni.

Ho quindi voluto sviluppare uno schema di consulenza che, in realtà, parte dalla fine, dai valori che il cliente vuole preservare, dai bisogni da soddisfare e, soprattutto dall'aspettativa di tutela, per poi, a ritroso, arrivare alla vera e propria pianificazione, applicando le varie tecniche apprese frequentando corsi di problem solving, tra cui quella che si definisce dello scalatore (12). Si tratta di una tecnica che viene usata dalle guide alpine che, quando devono organizzare la scalata, partono proprio dalla fine, dal punto di arrivo e poi scendono, a ritroso, passo dopo passo, al campo base, da dove si parte.

Quindi, per rispondere preliminarmente a cosa occorrerebbe fare per costruire delle valide architetture patrimoniali ed esercitare pienamente tutti i poteri preordinati all'autotutela, potrebbe essere un buon inizio, pensare di regolamentare preventivamente gli assetti proprietari nel tempo in modo da evitare, o ridurre, i contenziosi giudiziari. Non per sfiducia nel ruolo suppletivo della Legge o della Giustizia, quanto per la fiducia che potremo riporre negli strumenti che possiamo utilizzare per prevenire determinati rischi.

Già dalle prime battute, il faro di ogni azione dovrebbe essere l'autonomia privata, la libertà che si concretizzerà poi in accordi, corroborati dall'abilità del consulente nell'impostare pochi schemi di grande efficacia. Sentire, scoprire, decidere, condividere ed eseguire un programma patrimoniale, evitando che qualcuno lo possa fare per te, non può che tutelare anche la qualità, al cospetto della quantità, tipica garanzia offerta dal diritto successorio. Sentire, scoprire, decidere, condividere ed eseguire un programma patrimoniale, stimolando in qualcuno le capacità, non può che tutelare l'abilità ed anche la competenza, tipica garanzia offerta dal nuovo diritto societario e di cui si farà cenno nel prossimo paragrafo.

Allora, seppure come esercizio di scuola e, per quanto detto, come ipotesi di lavoro, sarà più efficace scindere il patrimonio in due sottoinsiemi: l'azienda da un lato e il resto dall'altro. I due cespiti vanno accuratamente separati, dato che hanno potenzialità ad essere regolamentati in modo diverso, anche e soprattutto da un punto di vista fiscale. Le liquidità, più o meno importanti, non incidono sulle sorti della pianificazione, mentre i sistemi di protezione dei beni vanno contestualizzati con i poteri riconosciuti, specie di recente, ai creditori.

Analizzando l'azienda, dobbiamo avere chiaro sin da subito come potrebbe essere lo scenario futuro, considerato che, almeno per la mia esperienza, la composizione tipica è la piccola e media imprese, nella quale le governance risulta per lo più incentrata sul ruolo dell'Amministratore Unico. Molto spesso, come peraltro nel caso di Mr. Patrimonio, l'azienda, oltre ad essere gestita dal suo fondatore, che in quella situazione era appunto Amministratore Unico, viene ad intrecciarsi con la famiglia, sempre più complessa o allargata, venendosi a creare un conflitto fra valori ed obiettivi: meritocrazia e redditività da una parte, equità ed affetti dall'altra.

Molto spesso, all'interno dell'azienda il fondatore fa entrare qualche figlio, magari nato molti anni dopo gli altri, e finché c'è il fondatore si rimane in una sorta di bolla, ma, poi, appena succede qualcosa, l'equilibrio dei ruoli viene necessariamente ad alterarsi, a modificarsi. La psicologia di approccio per iniziare il percorso dovrebbe partire dalla comunicazione, dal potere della parola con tutti i soggetti coinvolti nel percorso stesso. Essa può aiutarti a coinvolgere le altre persone, ponendole per prime al centro dell'attenzione.

La condivisione dei valori, dei bisogni, delle esigenze, degli obiettivi di tutte le parti coinvolte sarà una buona partenza, anche per quelle che non proseguiranno nell'attività e che, tuttavia, potranno essere ricomprese nei consigli di famiglia, oggi declinati con il termine altisonante di *family constitution*. Accordi a volte non scritti, in cui sono delineate le condizioni per entrare, per rimanere e per uscire dall'azienda, senza favoritismi di sorta. Consigli di famiglia che rendono partecipi, anche se in forma non vincolante, ma meramente consultiva, anche membri non inseriti formalmente nell'azienda.

In questo contesto, mi piace ricordare l'aneddoto del non vedente intento a chiedere l'elemosina, il quale cerca l'attenzione dei passanti mostrando un messaggio scritto di proprio pugno su un pezzo di carta: «Sono cieco, aiutami». Certo, raccoglierà qualche moneta, ma il cappello si riempirà veramente solo dopo aver cambiato il messaggio in: «È una bellissima giornata ed io non potrò vederla».

Questo esempio mostra la differenza di risultato che si può ottenere passando dalla richiesta diretta ad un diverso approccio, che riesce a stimolare, attraverso il giusto messaggio, un aiuto perfino più importante, perché fa immedesimare il potenziale aiutante nella persona aiutata.

Capire che, se saprai coinvolgere le persone in modo efficace, la mano in aiuto avrà tutt'altra forza, svela il risultato esponenziale dell'1+1=100, solo perché chiederai l'attenzione in un modo nuovo ed inatteso. Come affermava madre Teresa di Calcutta: «Io posso fare cose che tu non puoi, tu puoi fare cose che io non posso, insieme possiamo fare grandi cose» (13).

È importante, in questo senso, mirare alla squadra esaltando i gruppi di lavoro, piuttosto che sulla competitività dei singoli, abbandonando la cultura avversariale, anche se di radice antica. All'interno dei gruppi familiari/aziendali, questa predisposizione del singolo a considerarsi effetto invece che causa è difficile da rovesciare, perché nella partita giocano ruoli ed emotività molto forti; valori diversi, età ed anche culture diverse.

In questi contesti, dove l'emotività gioca un ruolo particolarmente importante, la logica tradizionale, fondata sulla ricerca delle cause e dei perché, non può che saltare. La ricerca della ragione, della coerenza, dell'avversarialità, della circolarità delle tesi potrebbe allontanare la soluzione.

Solo la logica alternativa, improntata sull'autoinganno,

sull'incoerenza, sui paradossi, sulla terza via, potrà avere probabilità di successo, trattandosi di una logica nella quale la causa del problema non interessa più, essendo prioritario l'obiettivo che si vuole ottenere ed il come raggiungerlo.

Nello sviluppo della mia formazione, ho frequentato diversi corsi, alcuni dei quali mi hanno aiutato moltissimo perché specificamente improntati al *problem solving* ed al *dialogo strategico.* In queste occasioni, ho raccolto e testato l'efficacia di diverse tecniche, ma ho anche trovato spunti molto stimolanti. Tra i tanti, ringrazio in particolare quell'autorevole professore e psicoterapeuta che ebbe a stigmatizzare come la logica alternativa sia sempre stata vista con sospetto, con malcelata diffidenza, soprattutto dalla sfera dei poteri forti (14). Forse perché si presenta come trasversale alle ideologie da tempo ed ovunque radicate.

Il *come* e l'*efficacia,* o il risultato concreto di quello che si vuole raggiungere, sono i punti di partenza da cui muovere la nuova metodologia di approccio, il pensiero e l'azione. Ricordo che, durante un corso, questa visione fu esemplificata attraverso la storica contrapposizione delle diverse scuole di pensiero capeggiate da due personaggi di grande spessore, Aristotele ed Alessandro Magno (15): quest'ultimo si allontanò dalla formazione ricevuta da Aristotele, diventando lo stratega del pensiero. Una trasformazione che, nel concreto, lo portò a diventare il grande condottiero che vinceva le battaglie senza combatterle.

Seguendo questa impostazione, perde importanza il *perché* nasce il problema, come per esempio il fatto che alcuni figli non si allineino con gli altri, l'incomprensione con i genitori ed, in generale, la difficile coesistenza delle diverse generazioni in un'azienda, specie se alimentata da famiglie sempre più allargate ed allungate, in termini di stirpi, ma anche di età anagrafica dei vari componenti. Che in questi contesti la conoscenza delle cause non serva risulta dimostrato anche nel campo medico, dove più dell'80% delle malattie viene curato senza conoscere esattamente ciò che le provoca (16).

Purtroppo, se è vero come è vero che in questi processi si assiste ad una sovrapposizione dei ruoli della famiglia con l'azienda, il rischio di farsi influenzare da obiettivi personali, rinunciando a intravedere gli obiettivi aziendali, risulta, di solito, molto alto. Diventa quindi primario capire *come* neutralizzare questa interferenza emotiva ed analizzare il manifestarsi delle modalità con cui il problema si presenta, persiste e si alimenta.

La logica alternativa implica poi una parcellizzazione del problema. Si dice, infatti, che stare troppo sull'ostacolo non faccia altro che ingigantirlo, mentre ciò che eventualmente sembra essere più efficace è ridurne la complessità, intervenendo immediatamente. Figurativamente è un po' come regolare la temperatura con il termostato del riscaldamento di casa, il quale interviene subito per riportare la temperatura desiderata, senza aspettare che il locale si raffreddi o si riscaldi.

Il termine problema deriva dal greco e significa sporgenza, promontorio, impedimento, ostacolo, per cui per superarlo, per poterlo aggirare, si dovrà ridurlo, parcellizzarlo il più possibile. Mr. Patrimonio, nonostante da alcuni anni desiderasse diventare il supervisore/consulente dell'azienda di famiglia, anche per dedicarsi più compiutamente all'hobby della produzione di video, divenuta un'altra proficua attività, aveva difficoltà a vedersi in quel ruolo, rispetto a quello che rivestiva da oltre vent'anni e, nel contempo, vedeva come ancora troppo giovani e fragili i propri figli, quando, per contro, almeno i gemelli, Luca e Sara, avevano già passato i trent'anni.

Rappresentare l'aspettativa fa modificare la percezione del presente, proiettando il futuro in una o più realtà diverse. La sorpresa è che, almeno una di queste, magicamente si autorealizza. Può sembrare un autoinganno, ma la proiezione e la gestione dell'aspettativa è una guida per testare le possibili soluzioni, ma soprattutto per capire da subito ciò che già da domani potrà essere realizzabile.

Le domande potenti da fare sembrano banali. In realtà sono le stesse che ci faremmo se avessimo una bacchetta magica in grado di modificare repentinamente lo stato delle cose. Dal nuovo scenario escono anche le paure e gli ostacoli che si frappongono al raggiungimento di tale nuova e futura realtà.

Secondo l'autorevole fonte già richiamata (17), esistono, per esempio, domande discriminanti, ossia quelle che discriminano il problema con riferimento al dove, al quando ed al come si presenta (se persiste da anni o meno, oppure se si è già verificato); quelle orientanti, ossia quelle che spingono il soggetto coinvolto ad avere un ruolo attivo nella percezione della nuova realtà (come potrebbe vivere nella nuova condizione); quelle con illusione alternativa di risposta, ossia quelle che conducono il soggetto verso proiezioni di realtà alternative (abbandonare i tentativi fallimentari di soluzione).

Frequentando i corsi sopra richiamati, ho avuto degli input molto efficaci potendo mettere in pratica alcune tecniche, tra le quali il "come se", e quindi porre domande del tipo: Come diventerebbe l'azienda, come dovrebbe essere la nuova realtà, il nuovo assetto proprietario al raggiungimento degli obiettivi eventualmente concordati? Come dovrebbe essere la nuova realtà se, ad esempio, non vi fosse più il clima di competizione o sfiducia fra senior e junior? Sono percorsi formativi efficaci, che contengono l'essenza del lavoro sul quale anche il consulente patrimoniale potrà cimentarsi, senza dubbio, come si può intuire, con l'aiuto di altri professionisti, tirando poi le fila in termini squisitamente legali, fiscali e finanziari.

Già, perché questi processi non devono essere visti solo da un punto di osservazione, ma necessariamente da diverse posizioni ed inclinazioni tecniche, talché molto spesso devono essere coinvolte altre figure professionali. Per fare un esempio concreto, applicando la prima tecnica del "come se" al caso di Mr. Patrimonio, ci si è chiesti: Come potrebbe essere la nuova realtà nel momento in cui l'imprenditore, fondatore dell'azienda, si ritagliasse il nuovo ruolo, ad esempio di mero coordinatore o addirittura di consulente esterno? Di questo nuovo scenario, cosa possiamo importare da subito e cosa potremmo importare nel prossimo futuro? Quali azioni, quali accordi dobbiamo raggiungere per accorciare i tempi?

Il "come se" potrebbe sembrare un autoinganno, ma così non è. O meglio, è un autoinganno positivo, che consente di immaginare scenari che si trovano al di là del problema. In aggiunta, questa tecnica suggerisce immediatamente le azioni da fare e come distribuirle nel tempo. Il problema non è quindi raggiungere il "passaggio generazionale" (pensare subito e tecnicamente a dei trasferimenti) e neppure come attuarlo, ma la sfida sarà raggiungere la sinergia generazionale con i nuovi ruoli individuati da tutte le persone coinvolte (ossia condividere le nuove realtà fra le varie generazioni/stirpi), valutando attentamente tutti gli strumenti a disposizione per giungere alla formalizzazione di questi nuovi accordi.

Chiedersi come sarebbe stata la situazione aziendale una volta ridefiniti i nuovi ruoli. Chiedersi cosa sarebbe cambiato nella propria vita e in quella degli altri, specie dei figli. Chiedersi quali eventuali soluzioni sono state tentate e quali risultati hanno portato. Puntare su ciò che ha funzionato, scartando ciò che non ha funzionato, individuando le persone in base alle loro competenze, non in base al loro *status;* capire chi può essere il più utile allo scopo, ma soprattutto individuarne le abilità per arrivare alla soluzione senza disperdere energie in competizioni interne.

L'idea è quella di ridurre la rigidità di pensiero, anche perché la percezione che gli altri hanno di uno stesso fatto è spesso diversa e non occorre smentirla, ma solo verificarla e portarla su piani e frequenze più alti. Approdare a soluzioni non condivise, anche se sulla carta tecnicamente valide, rappresenta già un fallimento esponenziale, poiché le stesse non avranno il giusto seguito e svilupperanno altri problemi, oltre a non risolvere quelli già esistenti.

Infatti, il momento importante da considerare in una negoziazione, nella conclusione dell'eventuale accordo, non è il giorno della firma, ma il giorno successivo, ossia la sua esecuzione naturale nel tempo. In questa prospettiva, una possibile soluzione da ricercare è il *tertium non datur*, o terza via, una sorta di massimo comune denominatore che possa raccogliere tutto ciò che può indirizzare le figure coinvolte verso la salvaguardia di valori comuni, verso obiettivi condivisi, certamente anche tecnici e, prima ancora, maturati, vissuti, fatti propri.

Quest'ultimo approdo è già di per sé il più grande autoinganno che si può ipotizzare, dato che in fase preventiva è faticoso riuscire a coglierne la coerenza, la logica, la ragione ed il perché del passo da fare. Il problema di fondo è che l'essere umano è più vittima del successo che dell'insuccesso; con ciò fa fatica a capire che la condizione di oggi non è quella di ieri. In altre parole, ricorrendo all'autoinganno, all'incoerenza, al paradosso, riusciremo a sfuggire dal pensare come prima e ci renderemo conto che non è più il caso di continuare a sentirsi tronfi del successo di certi ragionamenti pregressi, perché evidentemente non più attuali.

Così, Mr. Patrimonio ha deciso di chiedere aiuto ai figli, muovendosi in questa prospettiva, ma a piccole dosi, ossia facendo esercizi di prospettiva, verificando, seppure in modo costante, cosa sarebbe potuto accadere di negativo a fronte di determinate scelte, mettendo in pratica qualche "no", invece di subire alcune situazioni per escludere a priori possibili contrasti, ma dopo aver creato una nuova realtà condivisa da tutti.

RIEPILOGO DEL PARAGRAFO:

- SEGRETO n. 1: il faro dell'architettura patrimoniale efficace dovrebbe essere l'autonomia privata, la ricerca di accordi corroborati dall'abilità del consulente nell'impostare schemi di azione e negoziazione per raggiungerli.
- SEGRETO n. 2: nella programmazione del patrimonio

aziendale e privato-familiare, occorre sapere che gli strumenti tecnici a disposizione sono diversi, molto più performanti nel primo campo che nel secondo.

- SEGRETO n. 3: è, tuttavia, preliminare iniziare il percorso della programmazione patrimoniale valutando l'efficacia di un approccio che sfrutti la logica alternativa, dell'autoinganno positivo, dell'incoerenza, del paradosso, della terza via, del come raggiugere quello che si vuole ottenere, al cospetto della logica tradizionale, della ragione, della coerenza, della circolarità delle tesi.

- SEGRETO n. 4: l'autoinganno più performante sarebbe quello di disegnare il nuovo "come se", la nuova aspettativa, la nuova realtà, oltre il problema, in modo da percepire quali azioni importare da subito ed eseguirle immediatamente, eventualmente scomponendo il problema stesso che le ostacola.

- SEGRETO n. 5: l'esclusione delle eventuali soluzioni tentate o fallimentari, permette di sperimentare le nuove soluzioni a piccole dosi, perché solo queste porteranno ad accordi efficaci, in quanto già collaudati.

4.2. I principali strumenti tecnici negli assetti societari

Come già anticipato, per quello che mi è capitato professionalmente di seguire, le governance aziendali si presentano per lo più strutturate come Società a responsabilità limitata (Srl) di matrice familiare, per lo più improntate sulla figura dell'Amministratore Unico, seguendo, solo in minima parte, il modello del consiglio di amministrazione.

Anche il caso di Mr. Patrimonio conferma questa forma di governo, scelta probabilmente per la giovane età dei figli, anche se Sara poteva già considerarsi un "buon secondo" nella gestione dell'azienda. Recentemente, ha infatti cominciato a prendere piede la coesistenza della doppia figura dell'Amministratore senior con quello junior, anche se ancora difficile da riscontrare, ma potenzialmente molto efficace, come è ancora rara la nomina di un amministratore esterno.

Una prima apertura a possibili nuovi scenari organizzativi nel campo aziendale l'abbiamo avuta con la riforma del diritto societario del 2003. Questa ha ampliato l'autonomia privata, ossia il potere delle parti di disegnare con precisione il ruolo dei soci, in modo che, quando non tutti i membri della famiglia risultino interessati alla conduzione dell'impresa, ovvero manifestino attitudini diverse, è possibile prevedere nello Statuto l'emissione di strumenti partecipativi che privilegino l'aspetto gestorio, ovvero quello proprietario-patrimoniale, con ciò privilegiando le capacità/abilità al cospetto dell'uguaglianza sostanziale fra i soci.

Di recente, sono state introdotte le Srl-PMI, con il D.L. n. 50/2017 ed il D.Lgs. 129/2017, interventi legislativi attraverso i quali possono essere suddivise le quote di partecipazioni sociali in categorie, ciascuna delle quali con diritti diversi, come e soprattutto quello di voto, equiparando queste società alle più grandi Spa, dove le diverse categorie di azioni erano già state introdotte da tempo e risultate molto efficaci nella pratica.

L'ampliamento dell'autonomia privata nel settore societario ha poi reso concretamente applicabili formule di clausole statutarie che permettono di far accrescere le quote, in caso di decesso di un socio, ai soci esistenti, in cambio della liquidazione del valore della quota agli eredi, come pure la previsione delle clausole che temporaneamente impediscono la vendita delle quote/azioni ovvero impongono prelazioni in capo ai soci superstiti.

Tale modifica statutaria si imponeva, nel caso di Mr. Patrimonio, al fine di non far rientrare nella compagine sociale chi non sarebbe dovuto rientrare nella società alla dipartita dell'Amministratore, come la "ex moglie" Maria e il figlio Luca i quali, comunque, per il loro *status*, sarebbero potuti divenire soci per effetto di una successione per legge, mentre, per contro, era decisamente opportuno che venissero liquidati della quota ad essi spettante qualora fossero diventati eredi. Se la situazione fosse stata ancora più chiara (nel caso di Mr. Patrimonio ancora non lo era) ossia se fosse risultato evidente chi avrebbe potuto dare continuità all'azienda, ci si sarebbe potuti avvalere del patto di famiglia – introdotto nel 2006 agli artt. 768 *bis* Cod. Civ. e segg. – contratto attraverso il quale viene concordemente scelto il discendente per la prosecuzione dell'impresa/azienda.

In questo caso, rimane quasi totalmente trascurata la sinergia fra generazioni e, paradossalmente, potrebbe essere a rischio la salvaguardia della continuità aziendale, in quanto l'assegnatario potrebbe, per esempio, vendere l'azienda il giorno dopo la stipula del patto o, peggio ancora, morire e lasciare tutto al coniuge e ai figli, per di più minorenni, che nulla hanno a che fare con la gestione dell'impresa. Si tratta comunque di un ottimo strumento perché consente di "donare" le quote di partecipazione o l'azienda a colui che proseguirà l'attività, senza cadere nel possibile boomerang delle donazioni, già trattato.

Colui che riceve, chiamato assegnatario, dovrà corrispondere la liquidazione della corrispondente quota di legittima di ciò che ha ricevuto ai non assegnatari, permettendo così di definire, una volta per tutte, ogni questione sulla successione dell'azienda, escludendo tutte quelle problematiche ed azioni a cui, come abbiamo visto nel paragrafo 3.2., le donazioni possono dare vita.

Non esiste comunque certezza nella continuità dell'azienda, ciò non di meno, in questo contesto, le clausole di consolidazione – ossia le clausole che prevedono, in caso di decesso del socio, l'accrescimento della quota in capo agli altri soci – possono aiutare a salvaguardare lo scopo, impedendo una trasmissione della partecipazione societaria all'esterno della famiglia originaria o comunque a persone non gradite.

Un presupposto operativo, fondamentale per la corretta applicazione del patto di famiglia, riguarda però l'identificazione dell'assegnatario fra i legittimari. Non si tratta di cosa sempre facile perché, anche se l'imprenditore molto spesso ha chiaro nella sua mente di chi si può fidare, non è facile arrivare alla decisione finale poiché, una volta identificato il papabile a proseguire nel comando, quest'ultimo dovrà liquidare le quote di legittima spettanti agli altri, se esclusi dalla proprietà e dalla gestione dell'azienda.

L'istituto, come detto, proietta quindi un passaggio e non una sinergia. Questa potrebbe, tuttavia, essere raggiunta suddividendo l'azienda in rami, in modo che la titolarità e la gestione dei vari dipartimenti non escluda nessuno fra i pretendenti all'assegnazione, sebbene, in questo caso, si dia comunque vita ad una separazione di attività.

Nel contempo, non si metterebbe in discussione l'unitarietà dell'impresa, neutralizzando, in una sorta di compensazione virtuale, gli esborsi a cui sarebbero tenuti gli assegnatari, che potrebbero essere anche tacitati attraverso una sorta di "patta" o rinuncia alla propria quota di liquidazione. In altre parole, si potrebbe giungere ad una compensazione in natura nella quale a ciascuno dei figli viene affidato un ramo d'azienda, in linea con quelli degli altri, e tutti reciprocamente si auto-tacitano di quanto avrebbero dovuto avere in punto alla liquidazione.

Questo è stato l'ambito di lavoro seguito con Mr. Patrimonio, dove i giochi comunque erano già stati fatti, nel senso che il figlio Luca aveva da tempo preso altre strade, mentre gli altri due potevano essere considerati gli assegnatari, una volta avuto il consenso, poi raggiunto, della "ex moglie" Maria e del figlio Luca, perché legittimari non assegnatari ed in qualche modo liquidati. Nel caso in cui, invece, i tempi non fossero ancora maturi per concretizzare un passaggio generazionale fra senior e junior, anche per il notevole divario di età fra i figli, si potrebbe guadagnare tempo attraverso l'istituto del *trust*, il quale pone in una sorta di stand-by l'assetto proprietario in attesa che, magari dopo un certo lasso di tempo, più generazioni possano essere pronte ad entrare ed a unirsi alle altre.

L'operazione vede il conferimento da parte del fondatore della propria quota, in tutto o in parte, in un fondo, detto fondo in *trust*, in modo che la partecipazione rimanga gestita per un periodo di tempo, ad esempio vent'anni, da un *trustee*, secondo una regolamentazione tracciata dal fondatore stesso.

Al termine di durata prefissato, tale partecipazione verrà poi traferita ai beneficiari (assegnatari), per esempio ai figli che, nel frattempo, non solo saranno diventati maggiorenni, ma avranno anche acquisito le competenze necessarie per entrare nell'azienda.

Infine, le peculiarità del patto di famiglia e del *trust*, in combinata, ben potrebbero garantire unitarietà degli assetti proprietari nel tempo, preparando suddivisioni in natura che possano poi escludere azioni compensative, come quelle post successione, permettendo anche al nipote, magari troppo piccolo al momento della costituzione del progetto, di entrare a pieno titolo nell'azienda.

Anche le holding di famiglia, nella forma di società di persone o addirittura società semplice, possono completare l'architettura patrimoniale più idonea, qualora vi fosse la necessità di suddividere l'operatività in diverse società a valle, accentrando le proprietà a monte. In pratica, si crea una società, la holding, che controllerà le società operative delle quali la stessa società sarà socia, in modo da accentrare il controllo nelle mani dei membri della famiglia ed evitare che le società operative possano risentano delle vicende successorie dei membri della famiglia stessa.

Su tutto questo panorama operativo, incombe comunque il nuovo Codice della Crisi di impresa che, al di là della portata innovativa circa le nuove responsabilità dell'imprenditore/amministratore, sposta per la prima volta l'obiettivo sulla prevenzione, o preallarme, delle situazioni di crisi, introducendo procedure *ad hoc* di preallerta, tese ad evitare il fallimento delle aziende in crisi. In altre parole, si cerca di evitare il fallimento con procedure preventive, in modo che, specie per le aziende di famiglia, si possa sperare nella continuità di un'azienda patrimonialmente solida.

Gli strumenti tecnici di diritto societario, seppure superficialmente e sinteticamente appena richiamati, possono aiutare a trovare soluzioni su misura ma, come detto, bisogna fare attenzione a non ragionare solo in termini tecnici senza disegnare assieme al cliente (famiglia/azienda) quello scenario ipotetico e futuro chiaro ed univoco, dove ciascun componente vorrebbe vedersi, così da suggerire soluzioni o clausole statutarie efficaci od adatte agli effettivi *desiderata* di tutti.

RIEPILOGO DEL PARAGRAFO:

- SEGRETO n. 1: la riforma del diritto societario ha ampliato l'autonomia privata, ossia il potere delle parti di disegnare con precisione il ruolo ed i poteri dei soci, anche con riferimento alla successione, attraverso, per esempio, le clausole di consolidazione che, in caso di decesso, portano all'accrescimento della quota in capo ai soci superstiti.

- SEGRETO n. 2: con il D.L. 50/2017 ed il D.Lgs. 129/2017 sono state introdotte, anche per le Società a responsabilità limitata, le categorie di quote, ciascuna delle quali con diritti diversi, come quello di voto, equiparando queste società alle più grandi Società per azioni.

- SEGRETO n. 3: il patto di famiglia è un ottimo strumento per la successione aziendale perché consente di "donare" le quote di partecipazione o l'azienda a colui che proseguirà l'attività, definendo una volta per tutte, ed in anticipo rispetto alla successione, ogni questione fra legittimati.

- SEGRETO n. 4: il *trust,* applicato alle società, vede il conferimento della quota da parte del fondatore, in tutto o in parte, in un fondo, detto *trust fund,* in modo che la partecipazione rimanga gestita per un periodo di tempo da un *trustee,* secondo una regolamentazione tracciata dal fondatore stesso, per poi essere trasferita ai beneficiari, in un momento successivo nel quale saranno più pronti a gestire l'azienda.

- SEGRETO n. 5: le holding di famiglia, nella forma della società di persone, o addirittura nella forma di società semplice, possono completare l'architettura patrimoniale più idonea ai desiderata dei componenti della famiglia, quando vi è la necessità di suddividere la società originaria in più società operative controllate dalla holding stessa.

4.3. I principali strumenti tecnici negli assetti privati-familiari

Il patrimonio privato imporrebbe il medesimo approccio sopra trattato, con la differenza che qui abbiamo dei beni che non producono business ma, il più delle volte, devono essere solo gestiti. Purtroppo gli strumenti di tutela per gli assetti proprietari nel tempo offerti dall'Ordinamento nel campo del patrimonio privato non sono così performanti come nel campo aziendale, da un lato, per il divieto dei patti successori, dall'altro lato, perché per tale finalità esiste soltanto il testamento.

La divisione testamentaria potrebbe garantire comunque la quantità secondo le quote previste dalla legge, ma anche la qualità delle destinazioni e soprattutto una vita serena ai futuri eredi/proprietari. Tornando al caso di Mr. Patrimonio, se il cliente non fosse riuscito a redigere un testamento, non avrebbe potuto impedire la comproprietà dei beni, già in parte in comproprietà con la convivente. Le donazioni, come anticipato, avrebbero potuto innescare liti fra legittimari per loro eterogeneocità dei cespiti e relativo a diversi criteri di valutazione ed imputazione.

Lo stato di incapacità, specie se grave e prolungato nel tempo, non sarebbe stato neutralizzato da procure generali o speciali. Oltre alla neutralizzazione delle donazioni ed allo sviluppo di tutele per gestire al meglio non solo i trattamenti sanitari, ma anche gli stati di incapacità, un'architettura patrimoniale efficace potrebbe seguire due ipotesi di lavoro, comunque non alternative: predisporre strumenti cosiddetti parasuccessori e/o importare veicoli societari tipici del mondo aziendale.

Sotto il primo profilo (strumenti parasuccessori), siamo di fronte per lo più a contratti che non hanno nella morte la loro causa, ma in cui l'evento morte rappresenta un termine o condizione. Si tratta di soluzioni adottate oggi che possano mantenere i propri effetti anche dopo la morte del disponente, perché questa rappresenterà soltanto un elemento accidentale e temporale che non inciderà minimamente sulla funzione del contratto.

Le caratteristiche fondamentali sono: la fuoriuscita dal patrimonio del disponente del bene prima della morte; la definitività del passaggio al beneficiario soltanto alla morte del disponente; la possibilità di revoca della disposizione da parte del disponente sino alla morte. Alcuni esempi sono: le polizze vita; il negozio fiduciario; la rendita vitalizia a favore di terzo; il vitalizio alimentare a favore di terzo; il deposito bancario a favore di terzo; l'accollo; il vincolo di destinazione; la donazione con condizione di riversibilità riferita alla morte del donatario; il *trust*; i contratti di mantenimento e di convivenza.

Sotto il secondo profilo (veicoli societari applicati al patrimonio privato), da qualche anno è stato "ripreso" l'istituto delle società semplici come nuova forma di godimento di beni, con lo scopo di evitare l'applicazione della comunione ordinaria. Ciò significa che anche il patrimonio privato, specie quello immobiliare, può essere detenuto da società di mero godimento che, in fase successoria, impedirebbero di sviluppare delle comproprietà molto spesso non gradite o difficili da gestire.

Questo veicolo può quindi essere un ottimo strumento da considerare, soprattutto per la tutela del patrimonio familiare, come, per esempio, quello immobiliare, ma anche liquido, per tutta una serie di aspetti che andiamo qui a considerare.

Il primo riguarda sicuramente la semplicità ed i costi contenuti che la società semplice richiede, dalla sua costituzione (senza capitale minimo) al suo mantenimento, in quanto, oltre a venire ad esistenza senza necessità di forme particolari, se non quella della scrittura privata (anche non autenticata), in ragione dei beni conferiti (rimanendo al nostro esempio, beni immobili), non ha obblighi di registrazione e pubblicitari (pubblicità notizia *ex* art. 8. L. 580/1993) se non per dare prova ai terzi della relativa intestazione dei beni.

Il secondo risiede sicuramente negli effetti dell'autonomia patrimoniale, seppure imperfetta, nel senso che, come in tutte le società di persone, la responsabilità dei soci per i debiti della società, oltre ad essere solidale, è illimitata, nel senso che i soci, in caso di insufficienza del patrimonio sociale, risponderanno con il proprio patrimonio, ma tale evenienza appare molto remota per un'attività di mero godimento di beni immobili.

Trattandosi di società che non svolgono attività di impresa, ma di mero godimento dei beni in essa conferiti, il rischio della responsabilità per debiti dovrebbe essere controllato e contenuto. In questa prospettiva, comunque, è pacifico proprio per il tipo di attività (non commerciale) che la società semplice non possa fallire, come pure di conseguenza non possano fallire i soci in proprio.

Il terzo aspetto, altrettanto interessante da considerare, è che l'eventuale creditore personale del socio non potrà pignorare la quota della società, come peraltro chiarito già da diversi anni dalla Suprema Corte (Cass. n. 15605 del 07/11/2002), in quanto «le quote delle società di persone non possono essere espropriate finché dura la società a beneficio dei creditori particolari dei soci».

Il principio, anche se non espressamente previsto da alcuna norma specifica, si ricava comunque dalla disciplina complessiva delle società di persone, tradizionalmente ispirata all'esigenza che i rapporti fra i soci siano caratterizzati da un elemento fiduciario, il cosiddetto *intuitus personae*, il quale implica che, salvo diversa disposizione dell'atto costitutivo, la partecipazione sociale può essere trasferita solo con il consenso di tutti i soci, ovvero di quelli che rappresentano la maggioranza del capitale sociale.

Ciò significa che le società semplici proprietarie di immobili di famiglia possono essere una valida alternativa, sul piano della protezione, alla mera comproprietà di beni immobili intestati a persone fisiche, poiché, in questo caso, i debiti del singolo comproprietario si possono ripercuotere sull'intero bene attraverso il pignoramento della quota, cosa che non può avvenire in caso di appartenenza del bene alla società.

Il quarto aspetto riguarda la successione, in quanto nelle società di persone vale la regola generale dell'intrasmissibilità della quota, come prescrive l'art. 2284 c.c., il quale dispone che, in caso di morte, non è possibile il trasferimento *iure haereditatis* della quota sociale. Non solo, ma in caso di morte del socio, è escluso lo scioglimento della società, come pure la messa in liquidazione della stessa, anche quando sia stata costituita da soli due soci, in quanto, anche in quest'ultima ipotesi, sarà sufficiente ricostituire la pluralità dei soci nei sei mesi successivi (*ex* art 2272, n. 4).

Gli eredi del socio avranno diritto alla liquidazione del valore della quota in quanto, una volta accettata l'eredità, diventeranno creditori della società, ma ciò tuttavia evita che si possano generare comproprietà non volute, come, per contro, potrebbe accadere in caso di morte di persone cointestatarie di beni.

Il quinto è conseguente ai precedenti, specie se in famiglia sono già state costituite società immobiliari con la forma della Srl, le quali potrebbero essere trasformate in società semplici per ridurre i costi amministrativi di gestione, ma anche per evitare contestazioni circa la possibile configurazione delle società di comodo, perché fondamentalmente non operative.

Concludendo, la società semplice, almeno sul piano civilistico, con particolare riferimento alla proprietà di beni immobili, ha potenzialità molto interessanti di tutela e di controllo della trasmissione del patrimonio rispetto alla mera comproprietà, soprattutto in ottica successoria, scongiurando sul nascere possibili forme di contitolarità non gradite.

Questo strumento societario è stato opportunamente valutato ed applicato nella situazione di Mr. Patrimonio, in quanto le comproprietà già sorte con la convivente, la signora Bianca, rischiavano di alimentare nella futura successione altre comproprietà non volute, considerato che il figlio Roberto (figlio della convivente) sarebbe potuto subentrare assieme alla signora Maria, "ex moglie" di Mr. Patrimonio.

Non solo, ma anche la posizione debitoria del figlio Luca, al di là della sua necessaria ed opportuna neutralizzazione, imponeva per il padre anche una valutazione attenta dell'adozione di un veicolo societario, come la società semplice, in modo da controllare e regolamentare più agilmente la successione.

RIEPILOGO DEL PARAGRAFO:

- SEGRETO n. 1: gli strumenti di tutela offerti dall'Ordinamento nel campo del patrimonio privato, in ottica successoria, vedono al centro il testamento, per attuare le divisioni del caso o come completamento di un'architettura patrimoniale già costruita attraverso la predisposizione di strumenti para-successori.

- SEGRETO n. 2: gli strumenti para-successori prevedono la fuoriuscita del bene dal patrimonio del disponente prima della sua morte, la definitività del passaggio al beneficiario soltanto in quel momento, salvo revoca; alcuni esempi sono le polizze vita, il negozio fiduciario, la rendita vitalizia a favore di terzo, la donazione con condizione di riversibilità riferita alla morte del donatario, il *trust* ed i contratti di convivenza.

- SEGRETO n. 3: fra i veicoli societari applicabili al patrimonio privato, interessante è la società semplice per la facilità di costituzione, i bassi costi di gestione, l'irrilevanza della responsabilità illimitata dei soci, l'impignorabilità della quota da parte del creditore particolare del socio, l'intrasferibilità della quota sociale in caso di morte del socio.

4.4.: I principali strumenti tecnici nel patrimonio liquido

Anche un'adeguata architettura patrimoniale per la liquidità non può essere sottovalutata, nonostante in quest'ambito la comproprietà sia più facilmente superabile, essendo il denaro comodamente divisibile. Le polizze vita, per esempio, integrano un ottimo strumento per le peculiarità che possono avere e le tutele che possono offrire, in aggiunta alla riduzione dell'imponibile dell'asse ereditario consentita dalla natura dell'operazione.

Si tratta di un contratto a favore di terzo, con il quale il contraente-assicurato, in cambio del versamento dei premi, in una o più soluzioni, permetterà ai beneficiari di ottenere la liquidazione di un'indennità in caso di decesso dell'assicurato stesso. Tra le peculiarità dello strumento vi è anche che le somme dovute dall'assicuratore al contraente o beneficiario non possono essere pignorate, come prevede l'art. 1923 Cod. Civ. Tale strumento era peraltro già stato impiegato da Mr. Patrimonio per tutelare la signora Bianca, la sua convivente.

Attenzione, tuttavia, al fatto che i premi versati, e non il capitale che poi sarà liquidato ai beneficiari, sono considerati donazioni indirette e potrebbero formare oggetto di collazione a tutela della quota del legittimario, in tutto o in parte pretermesso. Lo ha affermato la Cassazione con la sentenza del 19.2.2016 n. 3263, statuendo che le polizze vita aventi contenuto finanziario, nelle quali è designato, come beneficiario, un soggetto terzo non legato al contraente da vincolo di mantenimento o dipendenza economica, sono configurabili, fino a prova contraria, come "donazioni indirette".

Cosa significa? Significa quello che ci siamo detti a proposito delle falle della donazione trattate nel capitolo 3.2, ossia che i premi versati rappresentano un anticipo della successione con tutte le conseguenze che ne derivano. Proprio per evitare il rischio di un'eventuale azione di riduzione da proporre alla morte del disponente/contraente/assicurato, la prassi insegna di individuare/identificare i beneficiari ed, al tempo stesso, non escludere nessuno dei legittimari. Nel caso di Mr. Patrimonio si è intervenuto anche su questo aspetto modificando i beneficiari e precisandone le relative quote.

Molto spesso, infatti, il modo di operare, per lo più seguito dagli addetti ai lavori, è quello di designare come beneficiari categorie generiche, o per relazione, quali "eredi legittimi", il che non è assolutamente errato, ma potrebbe creare dei problemi da non sottovalutare. Una prima problematica, oggetto addirittura di una recente pronuncia della Suprema Corte (n. 35635/2018) è stata quella di escludere dai beneficiari gli eredi, quelli testamentari, in quanto il contraente non aveva nella scheda testamentaria revocato espressamente la precedente designazione contenuta nella polizza stessa, nella quale aveva fatto riferimento, appunto, alla categoria generica degli eredi legittimi.

In pratica, il procedimento ha visto l'erede testamentario vittorioso nei due gradi di giudizio, perché ritenuto beneficiario e avente diritto all'indennità, mentre la Cassazione riformerà la sentenza e darà ragione all'Assicurazione, la quale voleva pagare solo gli eredi legittimi. La Corte di Cassazione ha precisato, infatti, che la designazione dei beneficiari del contratto mediante il riferimento alla categoria degli eredi legittimi o testamentari, non vale ad assoggettare il rapporto alle regole della successione ereditaria, trattandosi di una mera indicazione del criterio per l'individuazione dei beneficiari medesimi.

Il potere di revoca della designazione si può realizzare attraverso la specifica individuazione di un nuovo soggetto beneficiario compiuta con il contratto o con il testamento, ma in quest'ultimo caso dovrà contenere un esplicito riferimento alla modifica dei beneficiari della polizza stessa, altrimenti, vale la prima generica individuazione fatta nei confronti degli eredi legittimi.

In conclusione, il testamento successivo alla stipula della polizza non può considerarsi revoca automatica della designazione dei beneficiari nella polizza sostituendo gli eredi testamentari a quelli legittimi, ma occorrerà un espresso riferimento alla loro revoca, quali beneficiari della polizza, in quanto il diritto si è acquisito in capo ai beneficiari al momento della designazione, anche se la liquidazione avviene in momento successivo, ossia al momento della morte dell'assicurato. Ciò si spiega ancor meglio se si pensa che per testamento si può disporre ciò che si ha e non ciò di cui si è già disposto.

La conferma di questo assunto della Corte si riscontra nel momento in cui al beneficiario subentra l'erede di quest'ultimo in caso di premorienza all'assicurato, ciò a riprova che il diritto è già acquisito in capo al beneficiario al momento della designazione e, quindi, si trasmette. In questo contesto, per evitare questi rischi, potrebbe essere opportuno non solo revocare espressamente nell'eventuale testamento successivo alla polizza la designazione fatta, indicando nominativamente i beneficiari, nonché i vari sostituti, in una sorta di rappresentazione volontaria e non legale (art. 1412, 2 comma c.c.).

Un' altra problematica è stata individuata non solo nella generica designazione degli eredi legittimi, ma anche nel non identificare le relative quote da liquidare a ciascun beneficiario, in quanto si è discusso se la suddivisione debba avvenire in parti uguali oppure secondo il criterio proporzionale indicato dalla legge per le quote attribuite al singolo erede. Ebbene, anche su questo interrogativo si è espressa la Corte di Cassazione (n. 19210/2015), innovando il precedente orientamento (che prevedeva la liquidazione per quote uguali in mancanza di una diversa previsione) precisando che l'evocazione della figura dell'erede non può che implicare un riferimento al criterio di tale acquisizione secondo le quote proporzionali previste per la successione.

In questo contesto, per evitare questi rischi potrebbe essere opportuno indicare, oltre alla designazione nominativa dei beneficiari, anche la misura della quota effettivamente a loro spettante, precisando anche l'accrescimento qualora qualcuno non possa o non voglia profittarne. Un'ottima opportunità è pensare a designare come beneficiari anche persone giuridiche per evitare tante problematiche, una di queste anche quella di trovarsi beneficiari diversi perché venuti mancare.

Questo veicolo societario, già richiamato come alternativa alla comproprietà immobiliare, potrebbe comunque essere il beneficiario di polizze vita al fine di impedire di destinare liquidità a persone fisiche in modo da neutralizzare gestioni patrimoniali successive al decesso del contraente/assicurato, particolarmente difficoltose.

Si pensi una famiglia classica: coniugi in separazione dei beni, genitori di due figli. Ipotizzando il primogenito come problematico, incline allo spendere facile o con debiti, come fare a tutelare lui e la famiglia? Se fosse fra i beneficiari di una polizza vita, al verificarsi della morte dell'assicurato – nell'esempio uno dei genitori – riceverebbe la propria quota di indennità e la potrebbe disperdere in breve tempo, con ripercussioni sulla famiglia, oppure la stessa quota potrebbe formare oggetto di aggressione da parte dei suoi creditori, una volta liquidata. Se venisse escluso dal novero dei beneficiari, potrebbe impugnare tale esclusione perché, come abbiamo visto, i premi versati all'assicuratore sono da considerare donazioni indirette, e quindi possono formare oggetto di rivendicazione attraverso l'azione di riduzione.

Allora una possibile strategia potrebbe essere quella di costituire una società semplice che veda tutti i componenti della famiglia come soci, nominando amministratore uno dei figli più affidabile, o in altre, parole, escludendo il figlio problematico; tale società sarà la beneficiaria del capitale liquidato dall'assicuratore in forza della polizza, cosa che permetterebbe una migliore gestione di tale cespite.

Nel caso di Mr. Patrimonio, si sarebbe potuto valutare la costituzione di una società semplice con tutti i legittimari, in modo che l'indennità liquidata dall'assicurazione, al decesso del padre, contraente ed assicurato, non arrivasse direttamente alla persona fisica, come il figlio Luca, il quale, come detto, in quel periodo doveva sistemare la sua posizione debitoria.

Molto spesso, a proposito della liquidità, si approda alle cointestazioni dei conti, le quali sembrano essere usate per abbattere la base imponibile in caso di successione. Ciò era stato fatto anche da Mr. Patrimonio visto che, oltre alla comproprietà di beni immobili, in particolare l'abitazione in cui viveva assieme alla signora Bianca, aveva conti cointestati con la convivente, nella forma disgiunta.

È considerata spesso una buona soluzione, ma attenzione a ciò che ne può derivare in sede successoria. Esiste, infatti, il rischio di incappare in blocchi all'utilizzo del conto dopo la premorienza di un contitolare. È frequente il caso in cui soltanto uno dei contitolari apporti la provvista sul conto, sia per consentire agli altri cointestatari di poter effettuare operazioni, sia anche come una sorta di pianificazione successoria, al fine di ridurre la massa imponibile della futura eredità: i casi più classici, infatti, sono quelli del genitore anziano che aggiunge, o meglio, apre un nuovo conto cointestato con il figlio, oppure la cointestazione fra coniugi in separazione dei beni e, soprattutto, fra conviventi.

È, altresì, frequente che il conto cointestato abbia la forma di gestione disgiunta ed, eccezionalmente, quella congiunta. Tuttavia, accanto a queste utilità vi sono aspetti da valutare nel caso di decesso di uno dei contitolari. Nel primo caso, quello della forma disgiunta, per l'art. 9 delle condizioni generali relative al rapporto banca-cliente, allegato A alla circolare dell'ABI del 15 febbraio 2005, n. LG/000906, la morte del cointestatario non interrompe il rapporto per gli altri contitolari che continueranno ad esercitare i poteri disgiunti; discorso diverso vale per gli eredi che saranno tenuti ad esercitare i poteri in modo congiunto. Al 4°

comma della predetta norma, si afferma che, in caso di opposizione da parte di un contitolare o erede, la banca deve pretendere il concorso di tutti, almeno sulla base di alcune decisioni adottate in sede di Arbitrato bancario (Collegio Roma 2087/2016).

Nel secondo caso, quello della forma congiunta, il rapporto con la banca prosegue nella forma, sempre congiunta, fra i titolari superstiti e gli eredi, in virtù dell'interpretazione analogica del mandato collettivo di cui all'art. 1726 c.c., in forza del quale «se il mandato è stato conferito da più persone con unico atto e per un affare d'interesse comune, la revoca non ha effetto qualora non sia fatta da tutti i mandanti, salvo che ricorra una giusta causa».

A ogni buon conto, in entrambi i casi, sia di poteri disgiunti che congiunti di un conto cointestato, per effetto del decesso di un cointestatario si crea una comproprietà, o comunione incidentale, che genera diversi problemi, sia per i contitolari superstiti, sia per contitolari sopraggiunti per effetto dell'eredità, sia per la banca chiamata a dover liquidare il saldo del conto. Nella prassi può accadere che gli istituti bancari blocchino il conto, ossia provochino il "congelamento" dell'intero in attesa che venga presentata la dichiarazione di successione, in virtù dell'art. 48 TUS, 3° comma.

Tale metodologia sarebbe confermata anche da qualche decisione in ambito di Arbitrato finanziario bancario (Collegio Roma 1426/2016). A volte, invece, può accadere che gli istituti bancari non blocchino l'intero saldo, ma solo la parte presuntivamente destinata agli eredi e provvedano, naturalmente su richiesta, alla liquidazione dell'altra al contitolare o contitolari superstiti, in quanto diritto proprio e non dipendente dalla successione.

A prescindere da tali prassi, rimane poi il fatto che l'erede, ai sensi dell'art. 119 Testo unico Bancario, voglia verificare la movimentazione del conto. Tutto questo per quale motivo? Perché l'erede, in realtà, il più delle volte vuole ricercare quelle prove che potrebbero consentirgli di dimostrare che le somme presuntivamente cointestate al contitolare erano di fatto soltanto di proprietà del *de cuius*, vincendo così la presunzione di contitolarità ed attuando il reintegro delle donazioni operate in vita dal disponente. Si tratta della prova della titolarità reale delle somme, rispetto a quella presunta richiamata dalle varie norme più sopra richiamate alle quali aggiungere l'art. 11, 2° comma del Testo Unico sulle Successioni *ex* Dlgs. 346/90.

Al riguardo, l'erede può contare su un'interpretazione della Corte di Cassazione a Sezioni Unite (n. 18725/2017), che ha statuito, nel ripercorrere la distinzione fra donazioni dirette ed indirette, che la cointestazione del conto deve ricondursi a quella indiretta, per la quale non è richiesta la forma dell'atto pubblico. Di recente, sempre la Cassazione (n. 21936/2019) ha tuttavia chiarito che il rapporto sottostante può essere anche di altra natura rispetto alla donazione indiretta, ma deve comunque essere provato dal richiedente, affermando a proposito della cointestazione la natura di cessione del credito.

In pratica, mentre gli artt. 1854 e 1298 Cod. Civ. siglano la presunzione di contitolarità del contenuto del conto, sancendone una solidarietà attiva esterna nei confronti della banca ed una solidarietà interna fra i contitolari, e quindi un'esigibilità delle somme da parte dei cointestatari, la sentenza sopra richiamata precisa però che, in caso di decesso, occorre accertarne la titolarità in concreto, che deve evidentemente essere provata attraverso il contratto sottostante che, nel caso sopra richiamato, è qualificato come cessione di credito, ma ben potrebbe essere anche una donazione indiretta.

Pare che quest'ultimo orientamento superi quelli precedenti (Cass. 2014/12385 e Cass. 2002/15231), secondo i quali, in caso di cointestazione del conto, si realizza una solidarietà dal lato attivo dell'obbligazione che sopravvive alla morte di uno dei contitolari, sicché il contitolare ha diritto di chiedere, anche dopo la morte dell'altro, l'adempimento dell'intero saldo e l'adempimento così conseguito libera la banca verso gli eredi dell'altro contitolare.

In questo contesto, almeno interpretandolo nel senso più rigido, appare verosimile che gli istituti bancari, a fronte del decesso di uno dei contitolari di un conto corrente, ricorrano esclusivamente alla prassi meno elastica, ossia quella di congelare l'intero conto in attesa che venga risolta la questione ereditaria in modo da non essere chiamati a dover reintegrare delle somme liquidate al cointestatario per diritto proprio, senza la prova dell'effettiva comproprietà sostanziale.

D'altra parte, quando un conto corrente cointestato viene pignorato per l'intero suo ammontare, nonostante vi sia una contitolarità, la banca non può disporre delle somme presuntivamente dell'altro contitolare non debitore, ma dovrà evidenziare, nella dichiarazione resa al creditore procedente, ai sensi dell'art. 547 c.p.c., l'esistenza di rapporti cointestati al fine di consentire al giudice dell'esecuzione di disporre la comparizione degli altri cointestatari nel procedimento esecutivo affinché facciano valere le loro ragioni.

In conclusione, in tutte le fattispecie che fanno propendere per la scelta di un conto cointestato per raggiungere i più disparati obiettivi – ad esempio dotare di provvista un figlio per l'acquisto di un bene, autorizzarlo a compiere attività gestorie, oppure semplicemente evitare il pignoramento dell'intero conto – non possiamo dimenticare le ripercussioni che tali operazioni possono avere in ambito successorio.

In questo campo, se da un lato appare pacifico che si abbatte la base imponibile, nel senso che, presuntivamente, la quota del cointestatario superstite non andrà in successione, dall'altro lato abbiamo altre problematiche che si possono superare dando prova del rapporto sottostante, sia nei confronti della banca, sia nei confronti degli eredi. Ciò è quanto stato operato anche nel caso di Mr. Patrimonio, in modo che la convivente, Sig.ra Bianca, in caso di premorienza del compagno, potesse conseguire direttamente quanto di sua spettanza.

RIEPILOGO DEL PARAGRAFO:

- SEGRETO n. 1: per quanto la comproprietà della liquidità presenti meno problemi della comproprietà di altri cespiti, le polizze vita risultano un ottimo strumento per le peculiarità che possono avere e le tutele che possono offrire, in aggiunta alla riduzione dell'imponibile dell'asse ereditario, in quanto le l'attribuzione ai beneficiari deriva da un atto tra vivi e non per successione.

- SEGRETO n. 2: attenzione, tuttavia, al fatto che i premi versati, e non il capitale che poi sarà liquidato ai beneficiari, sono considerati donazioni indirette e potrebbero formare oggetto rivendicazione da parte dell'erede legittimario, in tutto o in parte, pretermesso.

- SEGRETO n. 3: attenzione, inoltre, che la designazione generica dei beneficiari, riferita alla categoria degli eredi legittimi o testamentari, non vale ad assoggettare il rapporto alle regole della successione, trattandosi di una mera indicazione del criterio che dovrà essere espressamente revocata da un eventuale testamento successivo.

- SEGRETO n. 4: attenzione, infine, che può essere opportuno identificare nominativamente i beneficiari indicando espressamente, nel contempo, le relative quote di spettanza.

- SEGRETO n. 5: il conto corrente cointestato può essere una soluzione in ambito successorio per far emergere presuntivamente una contitolarità del cespite, ma è opportuno, specie se si vuole superare tale presunzione, essere nelle condizioni di provare il rapporto sottostante (esempio donazione/cessione di credito).

4.5: I principali strumenti tecnici nella protezione del patrimonio.

Sebbene questa breve guida sia stata impostata su architetture patrimoniali preordinate a garantire un sereno avvicendamento proprietario, è opportuno fare un cenno agli strumenti di "protezione" proposti dal nostro Ordinamento.

Affinché, infatti, i beni possano essere trasferiti nel tempo, occorre che gli stessi non siano preda dei creditori, e ciò non per evitarne la soddisfazione dell'eventuale diritto, ma eventualmente escludendo la possibilità di aggressione – come ad esempio la casa coniugale o familiare – per debiti ovviamente sorti successivamente all'adozione di queste forme di tutela.

Il problema è che nel nostro Ordinamento esistono delle insidie nascoste, spesso semantiche, che nell'opinione comune danno vita ad equivoci che fanno presumere una sicurezza patrimoniale in realtà solo apparente. Partendo dall'assunto che, quando si parla di un debito, non si parla letteralmente di un obbligo, ma di un concetto più ampio, ossia di una responsabilità cosiddetta patrimoniale – come peraltro si riscontra dal titolo della rubrica dell'art. 2740 c.c. – le eccezioni a questa generica responsabilità sono previste solo dalla legge. Il secondo comma dell'art. 2740 c.c., infatti, introduce delle limitazioni che, tuttavia, trovano la propria fonte solo nella legge e non nell'autonomia privata. Si parla, al riguardo, di "proprietà destinata" e non di proprietà protetta né, tantomeno, segregata all'aggressione dei creditori.

Destinare significa sfruttare il bene per una determinata funzione: ad esempio, l'art. 2645 *ter* c.c. prevede la possibilità per il proprietario di un bene di imprimere sullo stesso un vincolo di destinazione, ad esempio la tutela della famiglia di fatto, attribuendo all'autonomia privata il potere di creare una proprietà "atipica" il cui contenuto è determinabile dall'atto di destinazione, riducendone così il potere in capo al proprietario di godere e disporre della cosa in modo pieno ed esclusivo.

Tuttavia, il corto circuito di questi strumenti sta nel fatto che il bene rimane intestato al disponente e quindi i creditori di quest'ultimo possono comunque pignorare il cespite, anche se poi si può proporre opposizione sostenendo l'estraneità del debito dallo scopo per cui si è creato il vincolo. Anche il fondo patrimoniale di cui all'art. 169 Cod. Civ., introdotto con la riforma del diritto di famiglia del 1975, deputato a tutelare i beni per soddisfare i bisogni, appunto, della famiglia, risponde alla stessa logica, ma con limiti ancora più restrittivi, perché anche questo strumento, pur non impedendo l'esecuzione forzata da parte dei creditori, in quanto i beni rimangono intestati ad entrambi i coniugi, od anche singolarmente, onera il presunto debitore a proporre opposizione, sostenendo l'estraneità del debito a tale funzione, oltretutto dimostrando che tale estraneità era conosciuta dal creditore.

Allora si può concludere che, per quanto l'Ordinamento, soprattutto con l'art. 2645 *ter* Cod. Civ., sui vincoli di destinazione, abbia sdoganato l'autonomia contrattuale come deputata a creare la proprietà destinata ad uno scopo, rimane il fatto che le responsabilità aumentano, specie in ambito aziendale, per effetto dell'introduzione del Codice della Crisi, per cui l'efficacia protettiva deve necessariamente presupporre il trasferimento del bene a terzi. In questa prospettiva, quindi, se si vuole attuare un'architettura patrimoniale più solida, occorre trovare strumenti che permettano anche di trasferire il bene al fine di garantire l'effettiva segregazione per lo scopo che ci si è prefissati.

Al momento nel nostro Ordinamento esiste soltanto il *trust*, o contratto di affidamento fiduciario, in quanto ancora non risulta approvato il disegno di legge sul contratto di fiducia, ma certo è che, attraverso la veicolazione di beni ad un gestore, detto *trustee*, per tutta la durata del *trust*, e prima del loro trasferimento ai beneficiari, i beni non potranno subire un pignoramento per debiti del disponente, ma eventualmente subire la revocatoria della predisposizione dello strumento, qualora il credito sia anteriore e pregiudizievole della garanzia del creditore.

Nel caso di Mr. Patrimonio queste problematiche sono state indirettamente superate dalla costituzione di un veicolo societario, come la società semplice, salvaguardando così, non solo un maggior controllo sulla futura successione, ma anche la destinazione di tali beni alla tutela della famiglia, ancorchè allargata.

RIEPILOGO DEL PARAGRAFO:

- SEGRETO n. 1: nel nostro Ordinamento esistono delle insidie nascoste, spesso semantiche, che nell'opinione comune danno vita ad equivoci che fanno presumere una protezione patrimoniale che, in realtà, è solo apparente.

- SEGRETO n. 2: il concetto di responsabilità patrimoniale è molto più ampio dell'obbligo derivante dal pagamento di un debito; la garanzia generica riconosciuta al creditore di potersi soddisfare su tutti i beni presenti e futuri del debitore può essere derogata solo nei casi previsti dalla legge.

- SEGRETO n. 3: esempi di deroga sono il vincolo di destinazione di cui all'art. 2645 *ter* Cod. Civ. e il fondo patrimoniale di cui all'art. 169 Cod. Civ., ma tali strumenti, se da un lato, implicano il dare vita ad una proprietà destinata, dall'altro lato, non escludono il pignoramento al quale proporre opposizione per far valere l'estraneità del debito allo scopo per il quale il vincolo è stato creato.

- SEGRETO n. 4: per quanto l'Ordinamento, soprattutto con l'introduzione dell'art. 2645 *ter* Cod. Civ., abbia sdoganato l'autonomia contrattuale come deputata a creare la proprietà destinata, rimane il fatto che le responsabilità aumentano, specie in ambito aziendale, per effetto dell'introduzione del Codice della Crisi, per cui l'efficacia protettiva deve necessariamente implicare il trasferimento dei beni a terzi.

- SEGRETO n. 5: il *trust*, o affidamento fiduciario, proprio perché implica l'intestazione del bene o dei beni a terzi, ossia al *trustee*, rappresenta al momento l'unico strumento di effettiva protezione che possa salvaguardare la destinazione impressa dal disponente a favore dei beneficiari, in quanto esclude l'esecuzione forzata, anche se non la revocatoria o l'inefficacia dell'atto qualora il credito sia anteriore e pregiudizievole della garanzia del creditore.

Conclusione

Ti ringrazio per essere giunto fino alla fine di questa breve guida. Sono molte le persone che si trovano in casi come quello di Mr. Patrimonio, ma anche in situazioni meno complesse, dove comunque si potrebbe "ottenere molto, mettendo poco", raggiungendo così delle architetture patrimoniali, idonee a garantire sicurezze e, soprattutto, serenità. Per fortuna la sua questione ha avuto esito positivo; anche l'ennesimo "cigno nero" è stato vinto e la pianificazione e la protezione patrimoniale sono state portate a compimento.

Il cliente ne è uscito indenne, con sua grande gioia, anche negli aspetti più delicati, affrontati, tuttavia, dapprima urgentemente per quello che si è potuto predisporre, ma poi, e per fortuna, con quella giusta ponderazione che ha inizialmente incasellato i valori ed obiettivi ed, a seguire, strutturato le architetture patrimoniali più efficaci a tutelare il nuovo quadro della situazione aziendale e familiare. Sicuramente, avremo anche il tempo di adottare degli allineamenti ed aggiustamenti strada facendo.

Il suo ritorno in azienda può essere salutato da un ritrovato ottimismo, grazie allo sviluppo di un progetto, anche successorio, che sarà in grado di trasferire a ciascun avente diritto, seppure il più tardi possibile, i valori ed i cespiti finalizzati alla continuità dell'attività ed alla serenità della famiglia, ancorché allargata. L'impresa e la famiglia sono salvi!

Questo è stato il modo migliore per continuare sulla strada tracciata da tutti coloro che con sacrificio ed abnegazione hanno creato ricchezza, non solo in termini economici.

Riepilogando questa breve ricostruzione dell'importanza di predisporre per tempo le architetture patrimoniali più adatte a perseguire la migliore autotutela interna, a prescindere dall'entità e dal valore dei beni, di seguito ti riepilogo in sintesi i contenuti trattati.

Nel primo capitolo ho suggerito quale, a mio avviso, potrebbe essere "la spinta gentile" alla preparazione di un progetto di autotutela patrimoniale efficace nel tempo. La motivazione dovrebbe ancorarsi, e trarre fondamenta, da un lato, ai potenziali e continui "cigni neri" – dovuti al clima di incertezza, soprattutto economica, al mutamento del costume sociale, all'aumento delle responsabilità, specie nel campo dell'impresa – e dall'altro lato, ai limiti di tutela dei componenti della famiglia e dell'azienda, ai valori da salvaguardare, con ciò arginando il più possibile il rischio di contenziosi che potrebbero pregiudicare l'intero patrimonio, oltre anche i rapporti personali all'interno della famiglia.

Tecniche di *problem solving strategico*, da quella dello "scalatore", che si caratterizza dalla visione della scalata dalla vetta e poi a ritroso fino alla base, a quella del "come se" o scenario oltre al problema, possono essere assolutamente d'aiuto per delineare le azioni da predisporre con disciplina e costanza: vivere l'esperienza passo dopo passo verso il futuro che ci si aspetta, senza mollare, come una sorta di palla di neve che innesca un cambiamento, lento ma inesorabile, di cui va controllata solo la direzione.

Sono passato, poi, nel secondo capitolo, ad individuare il perché sarà importante "costruire l'arca", al cospetto del "predire la pioggia", prendendo spunto dalla frase di un famoso imprenditore ed economista, Warren Buffet, evidenziando che i fatti accadono e, molto spesso, impongono rimedi provvisori ed urgenti, oltre a una riprogettazione generale degli assetti che ben si adatti alla situazione familiare, prima che aziendale.

Nella costruzione dell'"arca" o autotutela, ho voluto evidenziare, nel terzo capitolo, le principali falle, quali potrebbero essere, per esempio, il lasciare inconsapevolmente che la legge regoli la successione, improntata per lo più a un'indiscriminata frammentazione del patrimonio, all'insegna di un'uguaglianza di quote e *status* interna solo alla famiglia fondata sul matrimonio; una tutela quantitativa (e non qualitativa), una soluzione giusta, forse equa, ma non certo la migliore che si potrebbe ottenere nelle varie situazione che si possono verificare, perché poco considera gli eredi più bisognosi e non considera quasi completamente la convivente/il convivente nelle relazioni di fatto, nelle nuove famiglie, anche allargate.

Per il nostro Ordinamento, l'asse ereditario è in fondo come una torta da dividere, non in fette, ma per strati, spettando agli eredi una quota di tutto, facendo rientrare in certi cespiti anche persone che non vi hanno interesse, oppure che ne sono già in qualche modo volutamente fuoriuscite. Di qui il ruolo e l'importanza del testatore e del testamento come strumento di libertà, di riequilibrio di interessi, seppur nei limiti di tutela garantiti dalla legge con riferimento alle quote riservate ai cosiddetti erdei legittimari, figli e coniuge, quest'ultimo destinatario di particolari prerogative, anche a seguito del divorzio.

Anche le donazioni, sia dirette che indirette, possono alimentare la falla di una successione non adeguatamente regolamentata o, in generale, possono comportare dei vincoli alla libera circolazione dei beni immobili, a tutela dei legittimari lesi in tutto o in parte, come pure introdurre dei vincoli nella determinazione del valore del cespite donato, riferibile, a livello temporale, non già all'epoca della donazione, ma al momento del decesso del donante.

Infine, la falla degli stati di incapacità, solo in parte neutralizzata dall'istituto dell'amministrazione di sostegno, introdotto nel 2004, per quanto riguarda la gestione patrimoniale, anche perché eventuali procure possono perdere efficacia e, sempre solo in parte, neutralizzata dall'ultimo intervento legislativo, nel 2017, dalle DAT, o testamento biologico, per quanto riguarda i trattamenti sanitari.

Un'architettura più solida dovrebbe prevedere di prevenire e regolamentare in anticipo queste situazioni, rafforzando, laddove possibile, un programma di destinazione delle risorse, in tutto o in parte, attraverso la nomina di un fiduciario che permetta, ora per allora, di seguire una gestione più sartoriale (e non meramente conservativa) del patrimonio, ma che soprattutto possa salvaguardare le esigenze ed i bisogni di vita della persona, in termini non solo di assistenza.

Ho esaminato quindi gli aspetti personali che di solito frenano il processo del cambiamento – molto spesso collegati ad egoismi sterili del *dominus*, a contrapposizioni, competizioni interne, a mancanza di fiducia – proponendo di allargare l'indagine ai valori ed agli obiettivi di tutti i soggetti coinvolti nel processo, allineando le convinzioni personali ed azzerando le false credenze, soprattutto legali.

Infine, nel quarto capitolo ho affrontato lo sviluppo della squadra delle parti coinvolte, improntata alla ricerca di quello che si vuole ottenere, sul come ottenerlo; la perdita di importanza del perché nasce il problema, come, per esempio, il perché alcuni figli non si allineino agli altri, l'incomprensione fra genitori e figli – e in generale il difficile rapporto fra generazioni – anche perché alimentata da famiglie sempre più distanziate in termini di stirpi, ma anche di età anagrafica.

Il primo degli obiettivi è cercare di stemperare gli aspetti emotivi ricercando un allineamento dei valori, facendo leva sulla logica alternativa, dell'autoinganno, dell'incoerenza, del paradosso, per arrivare alla terza via, al cospetto della logica tradizionale che proietta il principio logico aristotelico del *tertium non datur*, ovvero del terzo escluso: io vinco tu perdi, io ho ragione e tu torto. La comunicazione, il modo di porsi come causa invece che effetto ed il come porre le domande potenti, alla base di questa metodologia di approccio, specie per le realtà aziendali italiane, per lo più incentrate sulla matrice familiare, con evidente verticalizzazione dei poteri nelle mani del fondatore.

Il diritto societario, come recentemente innovato, offre una notevole libertà di suddividere e distinguere le categorie delle partecipazioni nella società, anche all'interno della forma classica e più usata della Società a responsabilità limitata. Il patrimonio privato imporrebbe il medesimo approccio – con la differenza che gli strumenti a disposizione non sono così performanti come nel campo aziendale – introducendo eventualmente i veicoli societari, come la società semplice, di recente utilizzo, non solo come società agricola, ma come società di mero godimento, cercando di abbandonare così le classiche comproprietà di beni, specie immobili.

La liquidità, infine, può essere veicolata e gestita attraverso contratti para-successori, come le polizze vita, per le peculiarità di tutela, come la segregazione, e l'ottimizzazione fiscale, essendo l'indennità liquidata ai beneficiari esclusa dall'asse ereditario del contraente-assicurato. Anche l'utilizzo dei conti cointestati possono avere dei vantaggi in ottica successoria, salvo l'accortezza di regolare determinati aspetti che possano impedire problematiche in caso di premorienza di uno dei contitolari.

Infine ti ho voluto mettere in guardia sugli strumenti di protezione dei beni nei confronti dei creditori futuri, evidenziando la necessità di valutare la destinazione dei beni ai beneficiari, attraverso l'istituto del *trust*, al cospetto di altri strumenti come il vincolo di destinazione e fondo patrimoniale, poiché i beni, in questi ultimi casi, rimangono in capo al disponente e quindi potenzialmente restano pignorabili dal creditore, a prescindere dalle ragioni del debitore, che, in ogni caso, potranno essere fatte valere solo con l'opposizione ad un'esecuzione già intrapresa.

Spero che questa breve guida ti possa dare dei validi spunti di approfondimento. Ma vorrei concludere rendendoti partecipe di una sorta di favola che riunisce ed, a mio modo di vedere, stimola la predisposizione di architetture patrimoniali (e non). Era il giorno di Natale, quando il bambino si alzò la mattina presto per aprire i regali sotto l'albero, ma si accorse che erano uguali a quelli dell'anno prima. Svegliò la mamma, alla quale ne chiese il motivo. Lei rispose che ai regali bisogna dare la giusta attenzione e gratitudine.

Ognuno la interpreti come vuole ma, se per tutta questa breve narrazione abbiamo messo al centro i beni di Mr. Patrimonio e le persone con lui coinvolte, ricordiamoci che Salute e Tempo non vanno sprecati e, se Babbo Natale continua a riproporceli come doni sotto l'albero, non è il caso di sottovalutarne l'importanza.

Il resto dipende da noi e dalle nostre azioni caratterizzate in modo predominante dalle emozioni e dalle corrette conoscenze o cognizioni tecniche, in modo da costruire quelle architetture patrimoniali autotutelanti che ci possono pe rmettere di sviluppare il futuro che ognuno di noi si aspetta.

Se ti è piaciuta questa breve guida, mi piacerebbe che lasciassi una recensione in modo che possa essere utile anche ad altri. Se poi vuoi rimanere in contatto con me, puoi iscriverti alla newsletter del *network* che coordino, www.patrimoniatest.it, cliccando su questo link:

https://www.avvocatofrancescofrigieri.com/iscrizione

In questo modo potrai, gratuitamente:

- ricevere settimanalmente newsletter di aggiornamento sulla materia della tutela patrimoniale;

- accedere alle FAQ con oltre 100 risposte alle domande inoltrate al network;

- utilizzare i tool dei test con responso immediato, come prima guida alla pianificazione patrimoniale;

- ricevere i programmi ed i contenuti dei periodici eventi formativi, sia via webinar che live, organizzati dal network;

- ascoltare gli ultimi podcast con le prime dritte da sapere!

Se infine vuoi prenotare una video call, puoi farlo subito cliccando su:

https://www.avvocatofrancescofrigieri.com/prenotazioni

AVV. FRANCESCO FRIGIERI

FRIGIERI & PARTNERS

MILANO, Piazza 4 Novembre n. 7, tel. 02.83623059
RAVENNA, Viale Vincenzo Randi n. 92, tel. 0544.407900
info@frigieri-partners.com

Bibliografia

1. Fonte: *I 7 passi del problem solving strategico*, del prof. Giorgio Nardone.

2. Fonte: Termine richiamato dal prof. Giorgio Nardone nella *Terapia breve strategica*.

3. Fonte: *Pensieri lenti e veloci*, di Daniel Kahneman.

4. Fonte: *L'ingannevole paura di non essere all'altezza*, di Roberta Milanese, con prefazione del prof. Giorgio Nardone.

5. Fonte: *La teoria del prospetto*, di Daniel Kahneman e Amos Tversky.

6. Fonte: *Il cigno nero*, di Nassim Nicholas Taleb.

7. Fonte: Direzione Generale delle Finanze. La distribuzione della proprietà tra persone fisiche (PF) e persone non fisiche (PNF) è nettamente a favore delle prime per quanto concerne il settore residenziale (abitazioni e pertinenze), in termini sia di stock (numero di unità immobiliari) sia di rendite catastali. Infatti, oltre il 90% delle abitazioni (sia per lo stock sia per la rendita) è attribuibile alle persone fisiche.

8. Fonte: «Il Sole 24 Ore», 2017. L'Italia, tra i paesi presi in analisi, si pone subito dopo le nazioni dell'Est Europa dal punto di vista della percentuale di proprietari senza mutuo. Un paese in cui, tradizionalmente, le famiglie hanno avuto un ruolo importante nel facilitare il possesso di case di proprietà ai figli, tramite eredità o sostegno finanziario. Si registra infatti un 57,6% di proprietari, a cui si aggiunge il 14,2% su cui ancora pende un mutuo, per un totale di 71,8%. Le abitazioni affittate da privati sono il 14,5% del totale, mentre il 4% rappresenta gli affitti a prezzi di mercato ridotti dovuti a sussidi o abitazioni e strutture il cui affitto è stabilito per legge.

9. Fonte: Testo Unico sulle Successioni, nel quale, all'articolo 3, comma *4-ter* del Decreto Legislativo n. 346 del 1990, dispone che «I trasferimenti, effettuati anche tramite i patti di famiglia di cui agli articoli 768-*bis* e seguenti del codice civile a favore dei discendenti e del coniuge, di aziende o rami di esse, di quote sociali e di azioni non sono soggetti all'imposta. In caso di quote sociali e azioni di soggetti di cui all'articolo 73, comma 1, lettera a), del testo unico delle imposte sui redditi, di cui al decreto del Presidente della Repubblica 22 dicembre 1986, n. 917, il beneficio spetta limitatamente alle partecipazioni mediante le

quali è acquisito o integrato il controllo ai sensi dell'articolo 2359, primo comma, numero 1, del codice civile. Il beneficio si applica a condizione che gli aventi causa proseguano l'esercizio dell'attività d'impresa o detengano il controllo per un periodo non inferiore a cinque anni dalla data del trasferimento, rendendo, contestualmente alla presentazione della dichiarazione di successione o all'atto di donazione, apposita dichiarazione in tal senso. Il mancato rispetto della condizione di cui al periodo precedente comporta la decadenza dal beneficio, il pagamento dell'imposta in misura ordinaria, della sanzione amministrativa prevista dall'articolo 13 del decreto legislativo 18 dicembre 1997, n. 471, e degli interessi di mora decorrenti dalla data in cui l'imposta medesima avrebbe dovuto essere pagata».

10. Fonte: sentenza Tribunale di Torino, 26 settembre 2014; Tribunale di Pescara, in data 26 maggio 2017.

11. Per approfondimenti: Frigieri-Cerri, *Passaggio generazionale per imprese familiari e* trust*, possibili soluzioni* tailor made, in «Il Civilista», Giuffrè, ottobre 2011.

12. Fonte: opera già citata (1) *I 7 passi del Problem Solving Strategico,* Prof. Giorgio Nardone.

13. Fonte: *Il cambiamento strategico*, del prof. Giorgio Nardone e

Roberta Milanesi.

14. Fonte: *Il problem solving strategico/dialogo strategico*, del prof. Giorgio Nardone.

15. Fonte: Il *Problem solving strategico* (...), l'arte di trovare soluzioni a problemi irrisolvibili", prof. Giorgio Nardone.

16. Fonte: opera già citata (12) *Il cambiamento strategico*, del prof. Giorgio Nardone e Roberta Milanesi.